Préparation à l'examen du

DELF

PRIM A1.1

Maud Launay

Roselyne Marty

LES SYMBOLES

Conception graphique de la couverture : Christophe Roger
Conception graphique et mise en pages : Anne-Danielle Naname
Illustrations : Marie Margo

Secrétariat d'édition : Françoise Malvezin, Le souffleur de mots
Enregistrements : Quali'sons (David Hassici)
ISBN : 978-2-01-155965-4

© Hachette Livre 2013 – 43, quai de Grenelle, 75905 PARIS CEDEX 15 – www.hachettefle.fr

Tous droits de traduction, de reproduction et d'adaptation réservés pour tous pays.
Le code de la propriété intellectuelle n'autorisant, aux termes des articles L.122-4 et L.122-5, d'une part, que « les copies ou reproductions strictement réservées a l'usage prive du copiste et non destinées a une utilisation collective » et, d'autre part, que les « analyses et les courtes citations » dans un but d'exemple et d'illustration, « toute représentation ou reproduction intégrale ou partielle, faite sans le consentement de l'auteur ou de ses ayants droit ou ayants cause, est illicite ». Cette représentation ou reproduction, par quelque procédé que ce soit, sans autorisation de l'éditeur ou du Centre français de l'exploitation du droit de copie (20, rue des Grands-Augustins, 75006 Paris), constituerait donc une contrefaçon sanctionnée par les articles 425 et suivants du Code pénal.

ÉPREUVE DE PRÉPARATION au DELF PRIM A1.1

Niveau A1.1 du Cadre européen commun de référence pour les langues

Épreuve collective	Durée	Note sur
Compréhension de l'oral Réponse à des questionnaires de compréhension portant sur de très courts documents enregistrés ayant trait à des situations de la vie quotidienne. (deux écoutes)	15 minutes	/25
Compréhension des écrits Réponse à des questionnaires de compréhension portant sur des documents écrits simples ayant trait à des situations de la vie quotidienne.	15 minutes	/25
Production écrite Épreuve en trois parties : • Écrire des informations personnelles ; • Compléter un message ou une histoire simple ; • Rédiger un message simple.	15 minutes	/25

Durée totale des épreuves collectives : 45 minutes

Épreuve individuelle	Durée	Note sur
Production orale 1. Entretien dirigé 2. Activités d'expression portant sur des personnages, des objets, des lieux de la vie quotidienne.	15 minutes	/25

Durée totale : 60 minutes
Seuil de réussite : 50/100
Note minimale requise par épreuve : 5/25

	Note totale /100

SOMMAIRE

UNITÉ 1 — Je me présente — p. 4 à 17
Prépare-toi au DELF PRIM !
- S'entraîner pour la compréhension orale — p. 16
- S'entraîner pour la production écrite — p. 17
- S'entraîner pour la production orale — p. 17

UNITÉ 2 — À l'école — p. 18 à 31
Prépare-toi au DELF PRIM !
- S'entraîner pour la compréhension orale — p. 30
- S'entraîner pour la compréhension écrite — p. 30
- S'entraîner pour la production écrite — p. 31

UNITÉ 3 — Mes activités, mes loisirs — p. 32 à 45
Prépare-toi au DELF PRIM !
- S'entraîner pour la compréhension orale — p. 42
- S'entraîner pour la compréhension écrite — p. 43
- S'entraîner pour la production écrite — p. 43
- S'entraîner pour la production orale — p. 44

UNITÉ 4 — Les gens que j'aime — p. 46 à 59
Prépare-toi au DELF PRIM !
- S'entraîner pour la compréhension orale — p. 56
- S'entraîner pour la production orale — p. 57
- S'entraîner pour la production écrite — p. 59

UNITÉ 5 — Chez moi — p. 60 à 73
Prépare-toi au DELF PRIM !
- S'entraîner pour la compréhension orale — p. 70
- S'entraîner pour la production écrite — p. 72
- S'entraîner pour la production orale — p. 72

UNITÉ 6 — Mes vacances et mes fêtes — p. 74 à 87
Prépare-toi au DELF PRIM !
- S'entraîner pour la compréhension orale — p. 84
- S'entraîner pour la compréhension écrite — p. 85
- S'entraîner pour la production écrite — p. 86
- S'entraîner pour la production orale — p. 87

Transcriptions — p. 88 à 96

UNITÉ 1 — Je me présente

1 Regarde les filles et lis les prénoms.

Emma

Alexandra

Kilima

Lucie

Prénom : Kilima
Âge : 8 ans
Pays : Kenya
Ville : Nairobi

Prénom : Alexandra
Âge : 10 ans
Pays : Russie
Ville : Moscou

Prénom : Lucie
Âge : 11 ans
Pays : France
Ville : Marseille

Prénom : Emma
Âge : 10 ans
Pays : Allemagne
Ville : Sarrebruck

2 Qui parle ? Écoute et montre.

3 Lis les fiches d'Emma, Alexandra, Kilima et Lucie.

4 Relie chaque fille à sa fiche.

5 Écoute et entoure les deux fiches.

6 Qui parle ? Écoute et montre.

Rafael — Emin — Jonathan — Wataru

Prénom : Jonathan
Âge : 9 ans
Pays : États-Unis
Ville : Boston

Prénom : Rafael
Âge : 11 ans
Pays : Chili
Ville : Valparaiso

Prénom : ....
Âge : 8 ans
Pays : Turquie
Ville : Istanbul

Prénom : ....
Âge : 9 ans
Pays : Japon
Ville : Tokyo

7 a. Lis maintenant les fiches des garçons. Il manque deux prénoms.

b. Écoute et écris les bons prénoms.

UNITÉ 1

Comment tu t'appelles ?

1 Lis les prénoms des enfants et complète les étiquettes.

Alexandra   Jonathan   Emma   Rafael

2 Lis les prénoms, écoute le professeur et entoure.

| Marie | Maryam | Anaïs | Anna | Maxence |
| Clément | Matthias | Clémence | Marion | Maxime |

3 Écoute les enfants et écris leur prénom.

a. .... c. ....

b. .... d. ....

4 Demande à ton voisin d'écrire son prénom sur son cahier et recopie son prénom.

....

5 Et toi ? Comment tu t'appelles ?

Boîte à outils

Pour demander le prénom :
Comment tu t'appelles ?
Comment ça s'écrit ?

Pour répondre :
Je m'appelle…
Moi, c'est…
Je suis…
Ça s'écrit…

Je me présente

Tu as quel âge ?

1 🔊 Écoute et relie le son que tu entends, comme dans l'exemple.

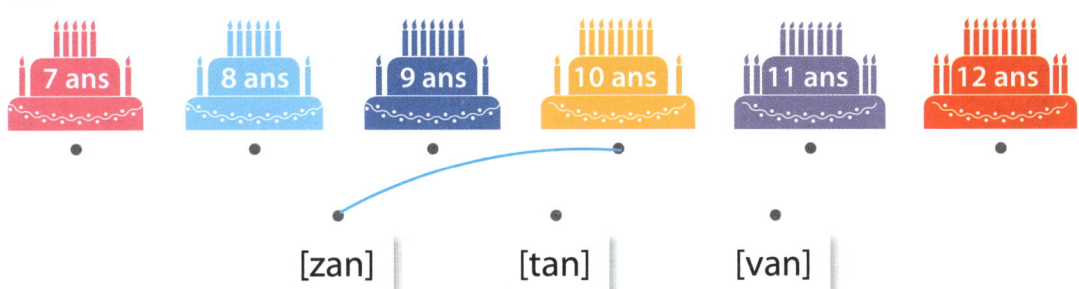

2 🔊 Écoute et entoure les trois nombres que tu entends, comme dans l'exemple.

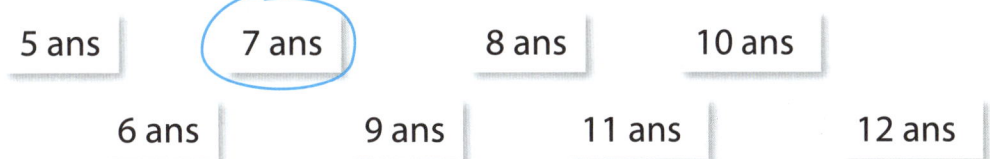

3 Et toi ? Tu as quel âge ?

4 Écris ton âge : J'........................ ans.

5 Et ton voisin, il a quel âge ? Demande-lui.

6 Écris l'âge de ton voisin : .... a .... ans.

7 C'est l'anniversaire de Rafael. Il a quel âge ? Complète son invitation.

Bonjour Lucie,
Je t'invite à mon anniversaire.
J'ai .... !
À bientôt,
Rafael

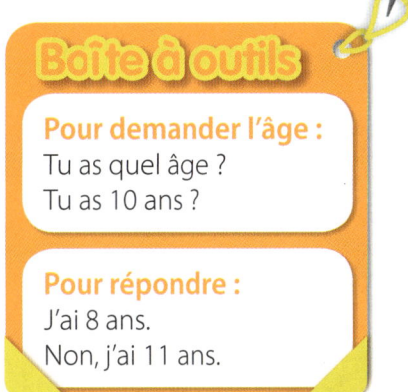

Boîte à outils

Pour demander l'âge :
Tu as quel âge ?
Tu as 10 ans ?

Pour répondre :
J'ai 8 ans.
Non, j'ai 11 ans.

UNITÉ 1 — Tu habites où ?

1 🔊 Écoute : qui habite où ? Relie les prénoms à la bonne adresse.

- JEANNE • • **21, rue Parmesan**
- JULES • • 17, rue Mozart
- SALOMÉ • • 10, rue du Chemin vert
- HUGO • • 6, rue Didot

2 Regarde les dessins et recopie le prénom et l'adresse sur ton carnet.

C'est Louna !
C'est Jérémie !
C'est Jasmine !

CARNET D'ADRESSES
Prénom : _____
Adresse : _____

CARNET D'ADRESSES
Prénom : _____
Adresse : _____

CARNET D'ADRESSES
Prénom : _____
Adresse : _____

C'est Lucien !

CARNET D'ADRESSES
Prénom : _____
Adresse : _____

Boîte à outils

Pour dire ton adresse :
J'habite 3, rue Lima.

Je me présente

Quel est ton pays ?

 **1** Regarde et écoute : dans quel pays habite chaque enfant ?

la France   la Russie   les États-Unis   le Chili

 2 Écoute encore. Complète le tableau et colorie les drapeaux.

Prénom	Pays	Drapeau
....	....	
....	....	
....	....	
....	....	

 3 Et toi, quel est ton pays ?

 4 Écris le nom de ton pays.

....

Boîte à outils

Les pays :
La France   Les États-Unis
La Russie   Le Chili

UNITÉ 1

C'est de quelle couleur ?

1 🔊 Écoute et montre les drapeaux des enfants.

2 🔊 Écoute et colorie le drapeau de Kilima, Emma, Wataru et Emin.

3 Relie chaque drapeau à son étiquette. Attention, il y a un nouveau drapeau !

rouge   bleu   vert   jaune   blanc

4 Colorie les drapeaux des pays de Kilima, Emma, Wataru et Emin.

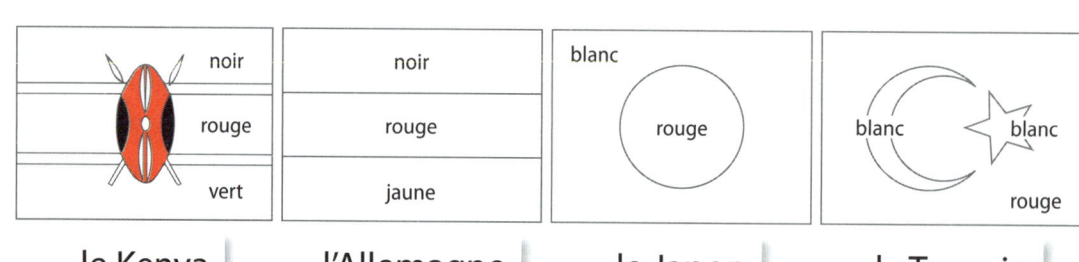

le Kenya   l'Allemagne   le Japon   la Turquie

Je me présente

Tu es comment ?

1 Regarde, écoute et répète.

Boîte à outils

Les yeux	La couleur des cheveux
Les cheveux	blonds — bruns — roux — noirs

La couleur des yeux

bleus — verts — marron — noirs

2 Écoute et colorie.

UNITÉ 1

Tu es comment ?

3 Et toi, tu as les yeux de quelle couleur ? Et les cheveux ?

4 🔊 Écoute et montre.

5 🔊 Écoute et écris le prénom.

.... est grande.
.... est petite.
.... est grand.
.... est petit.

Boîte à outils

Grand(e)

Petit(e)

Je me présente

Salut ! Ça va ?

 1 🔊 **Écoute** les dialogues et écris le bon numéro.

n°........   n°........

n°........

 2 🔊 **Écoute** les dialogues et écris le bon numéro.

n°........   n°........

n°........

UNITÉ 1

Salut ! Ça va ?

3 a. Lis les deux messages.

b. Entoure :
en bleu les mots pour dire bonjour.
en vert les mots pour dire au revoir.
en rouge les mots pour demander comment ça va.

Message 1

Salut Rafael !
Joyeux anniversaire !
Je vais bien.
Et toi, comment ça va ?
À bientôt !
Jonathan

Message 2

À : Lucie
Objet : Coucou !

Coucou Lucie,
Tu vas bien ?
Moi, ça va.
Bisous.
Au revoir !
Sacha

4 Tu vois ton copain dans la rue. Qu'est-ce que tu lui dis ?
Joue la scène avec lui.

Boîte à outils

Pour dire bonjour :
Bonjour ! / Salut !

Pour demander comment ça va :
Tu vas bien ? / Comment ça va ? /
Comment allez-vous ? / Ça va bien ?

Pour dire au revoir :
Au revoir ! / À bientôt ! / Salut !

Pour répondre :
Oui, ça va très bien ! / Oui, ça va !

Je me présente

PRÉPARE-TOI au DELF PRIM!

S'entraîner pour la compréhension orale — 8 points

Regarde les dessins. Écoute les dialogues et coche la bonne case.

Dialogue 1

☐ ☐ ☐

Dialogue 2

☐ ☐ ☐

Dialogue 3

☐ ☐ ☐

Dialogue 4

☐ ☐ ☐

Je me présente

S'entraîner pour la production écrite `7 points`

Regarde les dessins. Mina est la nouvelle élève de la classe. Elle ne parle pas bien français. Aide Mina à compléter la page de son nouveau cahier.

> Ce cahier appartient à :
>
> Prénom : _____
> Âge : _____
> Adresse : _____
> Couleurs préférées :
> • _____
> • _____

S'entraîner pour la production orale `10 points`

Exercice 1 `5 pts` Réponds aux questions.

a. Comment tu t'appelles ?
b. Tu peux épeler ton prénom ?
c. Tu as quel âge ?
d. Mon pays, c'est la France. Et toi ?
e. Tu habites où ?

Exercice 2 `5 pts`

Regarde le dessin et parle de ce dessin.

 Tu as entre 20 et 25 points : **BRAVO !** Tu es un champion !

Tu as entre 15 et 20 points : **C'est très bien !**

Tu as entre 10 et 15 points : **C'est bien !**

Tu as entre 5 et 10 points : **Pas mal, mais tu dois encore réviser un peu !**

 Tu as entre 0 et 5 points : **Hum, Hum… Il y a encore du travail !**
Révise ce que tu n'as pas bien compris !

UNITÉ 2 — À l'école

1. Regarde les deux dessins. Écoute l'histoire et montre la bonne classe.

2. Regarde les deux dessins. Écoute les phrases et montre la bonne classe.

UNITÉ 2

3 Et toi ? Qu'est-ce que tu fais dans la classe ?

4 Regarde les dessins et complète avec :

Il écoute. – Elle parle. – Elle lit. – Il écrit. – Elle dessine.

a. .... b. ....

c. .... d. ....

Boîte à outils

Qu'est-ce qu'il / elle fait ?
Il / Elle écoute.
Il / Elle lit.
Il / Elle parle.
Il / Elle écrit.
Il / Elle dessine.

Et toi ?
J'écoute.
Je lis.
Je parle.
J'écris.
Je dessine.

e. ....

UNITÉ 2

Qu'est-ce qu'il y a dans ton sac ?

1 🔊 Écoute et montre les affaires des enfants.

2 🔊 Écoute Rafael. Il met des affaires dans son sac. Entoure les affaires.

3 Lis les mots, regarde les bureaux et relie les mots aux affaires de Wataru et d'Alexandra.

une trousse une règle un cahier des ciseaux

À l'école

④ Regarde les affaires, lis et écris.

des feutres

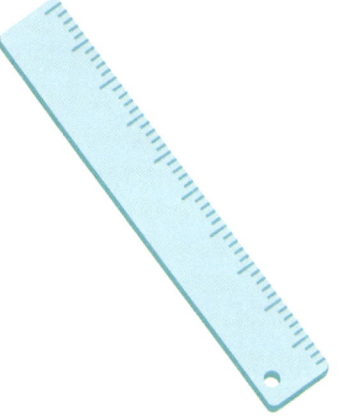

un stylo

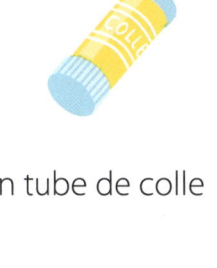
un tube de colle

une gomme

⑤ Et toi, qu'est-ce que tu as dans ton sac ?

Boîte à outils

Les fournitures

des feutres	un cahier	un stylo
une règle	une trousse	un tube de colle
une gomme	des ciseaux	

UNITÉ 2

Tu aimes les mathématiques ? Et le français ?

1 🔊 26 Écoute Jonathan : qu'est-ce qu'il aime ?
Regarde les dessins et coche les bonnes réponses.

l'histoire ☐   la géographie ☐   les sciences ☐

Le sport ☐   la musique ☐   l'art plastique ☐

l'anglais ☐   le français ☐   les mathématiques ☐

2 🔊 27 Écoute :
a. Qu'est-ce que Lucie aime ? Entoure en rouge.
b. Qu'est-ce que Rafael aime ? Entoure en vert.

22 À l'école

3 Et toi ? Qu'est-ce que tu aimes ?

4 🔊 Écoute Kilima : qu'est-ce qu'elle aime ? Entoure.

5 Pose des questions aux enfants de ta classe et complète le tableau.

Exemple :

Tu aimes les sciences, Sophie ? Oui, j'aime les sciences.

Tu aimes les mathématiques ? Non, je n'aime pas les mathématiques.

Tu aimes ? / Prénom	🧪	🔢	🇫🇷	👑	🌍
Sophie	Oui	Non			
....					
....					
....					
....					
....					

Boîte à outils

Pour poser la question :
Qu'est-ce que tu aimes ?
Tu aimes… ?

Pour répondre à la question :
J'aime…
Oui, j'aime…
Non, je n'aime pas…

UNITÉ 2 — À la cantine : qu'est-ce que tu manges ?

1 Lis la lettre d'Emin et complète avec les mots de la boîte à outils.

Bonjour !

J'aime 🍅 .... et
🥕 ....

Je n'aime pas 🟢 ....

J'aime 🍕 .... et 🧀 ....

J'aime 🍫 .... et 🍓 ....

Je n'aime pas 🍌 ....

Et toi ? Qu'est-ce que tu aimes ? Tu aimes 🍟 .... et 🍗 .... ?

À bientôt !

Emin

2 Réponds à Emin. Écris ce que tu aimes et ce que tu n'aimes pas.

....

3 🔊 Écoute et écris le nom des enfants sous les plateaux.
29

_____   _____

24 À l'école

_____   _____

4 Et Emin ? Qu'est-ce qu'il mange ?
Lis le menu et dessine
les aliments sur son plateau.

MENU
Petits pois
et poisson
Jus d'orange

5 Et toi ?
Qu'est-ce que tu manges ?
Écris ton menu préféré.

Boîte à outils

l'eau
le jus d'orange
le lait

les fruits
les pommes   les cerises
les bananes   les poires
les fraises   les tomates

Les légumes
la salade
les carottes
les petits pois

les frites   le pain
les spaghettis   le fromage
le poulet   la glace
le poisson   le gâteau
la pizza   le chocolat

UNITÉ 2 — Qu'est-ce qu'il faut faire en classe ?

La maîtresse parle à une personne.

1. Écoute et montre le bon dessin.
[30]

2. Écoute deux fois, lis et entoure le bon mot.
[31]

1. 	2. 	3. 	4. 
Colle !	Dessine !	Découpe !	Dessine !
Découpe !	Colorie !	Colorie !	Colle !
Dessine !	Découpe !	Dessine !	Colorie !

À l'école

3 Lis les mots et entoure le bon dessin.

Découpe !	Colorie !
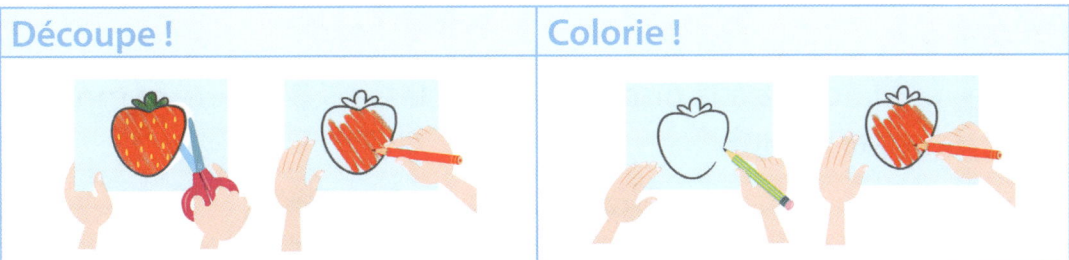	

Colle !	Dessine !

La maîtresse parle à toute la classe.

4 a. 🔊 Écoute et montre le bon dessin.

....

....

b. Lis et écris le bon numéro sous les dessins.

1. Dessinez un fruit !
2. Coloriez le fruit !
3. Découpez le fruit !
4. Collez le fruit !

Boîte à outils

Pour te dire de faire quelque chose :	Pour le dire à toute la classe :
Dessin**e** ! Colori**e** !	Dessin**ez** ! Colori**ez** !
Découp**e** ! Coll**e** !	Découp**ez** ! Coll**ez** !

UNITÉ 2

On va à la piscine ?

1 Lucie va à la piscine avec sa classe. 🔊 33 Écoute et montre les affaires de piscine.

2 Regarde les deux dessins et complète le dessin de Rafael.

LUCIE   RAFAEL

- un bonnet de bain
- un maillot de bain
- une serviette

....

....

des lunettes

....

....

3 Lis le message de la maîtresse et entoure les affaires à mettre dans ton sac.

Pour la sortie à la piscine, n'oublie pas de prendre ton maillot de bain, tes lunettes et ton bonnet de bain.

La maîtresse

28   À l'école

RÉVISE !

Trouve et écris les mots.

PRÉPARE-TOI au DELF PRIM !

S'entraîner pour la compréhension orale `6 points`

Regarde les dessins. Écoute les dialogues et coche la bonne case.

Dialogue 1

☐ ☐ ☐

Dialogue 2

☐ ☐ ☐

Dialogue 3

☐ ☐ ☐

S'entraîner pour la compréhension écrite `12 points`

Exercice 1 `4 pts`

C'est la rentrée !
Aide Wataru
à remplir son sac
avec les affaires
à apporter à l'école.

Bonjour !
Pour demain, il faut apporter :
– une trousse rouge
– des ciseaux
– une gomme
– un cahier vert.
Merci !
La maîtresse

Entoure les quatre objets de la liste que Wataru doit apporter à l'école :

Exercice 2 — 8 pts — Écris le numéro de l'instruction sous le dessin qui correspond.

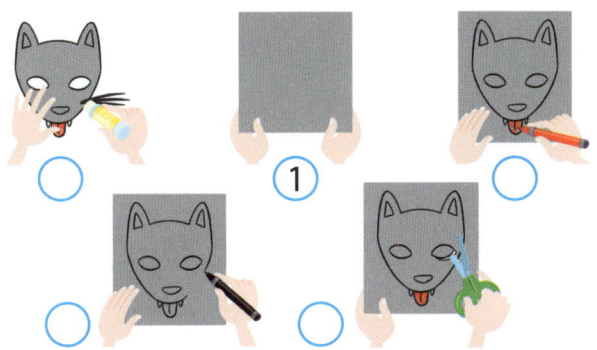

Pour faire un masque de loup :
Exemple : 1. Prends une feuille de carton.
2. Dessine le visage du loup avec un feutre noir.
3. Colorie la langue du loup avec un feutre rouge.
4. Découpe les yeux du loup avec des ciseaux.
5. Colle la moustache du loup avec un tube de colle.

S'entraîner pour la production écrite — 7 points

Complète la lettre de Jonathan. Remplace les dessins par des mots.

Salut !
À l'école, je ………………… et j'………………… .
J'aime l' ………………… et je n'aime pas la ………………… .
J'aime les ………………… . Je n'aime pas les ………………… .
Et toi, qu'est-ce que tu ♥ ………………… ?
Gros bisous !
Jonathan

Tu as entre 20 et 25 points : **BRAVO !** **Tu es un champion !**
Tu as entre 15 et 20 points : **C'est très bien !**
Tu as entre 10 et 15 points : **C'est bien !**
Tu as entre 5 et 10 points : **Pas mal, mais tu dois encore réviser un peu !**
Tu as entre 0 et 5 points : **Hum, Hum… Il y a encore du travail !**
Révise ce que tu n'as pas bien compris !

UNITÉ 3 — Mes activités, mes loisirs

1 Regarde les dessins et montre l'activité que tu aimes.

2 Qui fait quoi ? Écoute et dis le numéro du dessin.

3 Écoute encore et relie chaque enfant à son activité.

la danse   la natation   la peinture   le chant

4 Regarde les dessins et montre l'activité que tu n'aimes pas.

5 Qui fait quoi ? Écoute et dis le numéro du dessin.
[37]

6 Écoute et relie chaque enfant à l'activité qu'il n'aime pas.
[38]

le karaté   le roller   la guitare   le football

7 Écoute et relie chaque enfant à son objet.
[39]

UNITÉ 3 — Tu fais du sport ?

1 **a.** Lucie dit les sports qu'elle aime. Entoure les sports en rose sur l'affiche.

b. Rafael dit les sports qu'il aime. Entoure les sports en bleu sur l'affiche.

> J'aime le basket, le tennis et la danse.

> Moi, j'aime le football, le karaté et la natation.

Club « Les petits sportifs »

Tu aimes le sport ?
Ici, il y a :

2 **a.** Lis les messages.

Coucou !
J'aime beaucoup la gymnastique. Je fais aussi du tennis et de la natation.
Au revoir !
Alexandra

Salut,
C'est Emin.
J'aime le sport : je fais du foot, du basket et du hand-ball.
À bientôt,
Emin

34 Mes activités, mes loisirs

b. Qui fait quoi ? Relie les prénoms aux sports.

le tennis •		• la gymnastique
	• EMIN •	
le basket •		• le karaté
le judo •	• ALEXANDRA •	• le foot
le hand-ball •		• la natation

3 Lis les cartes et relie les cartes aux sports.

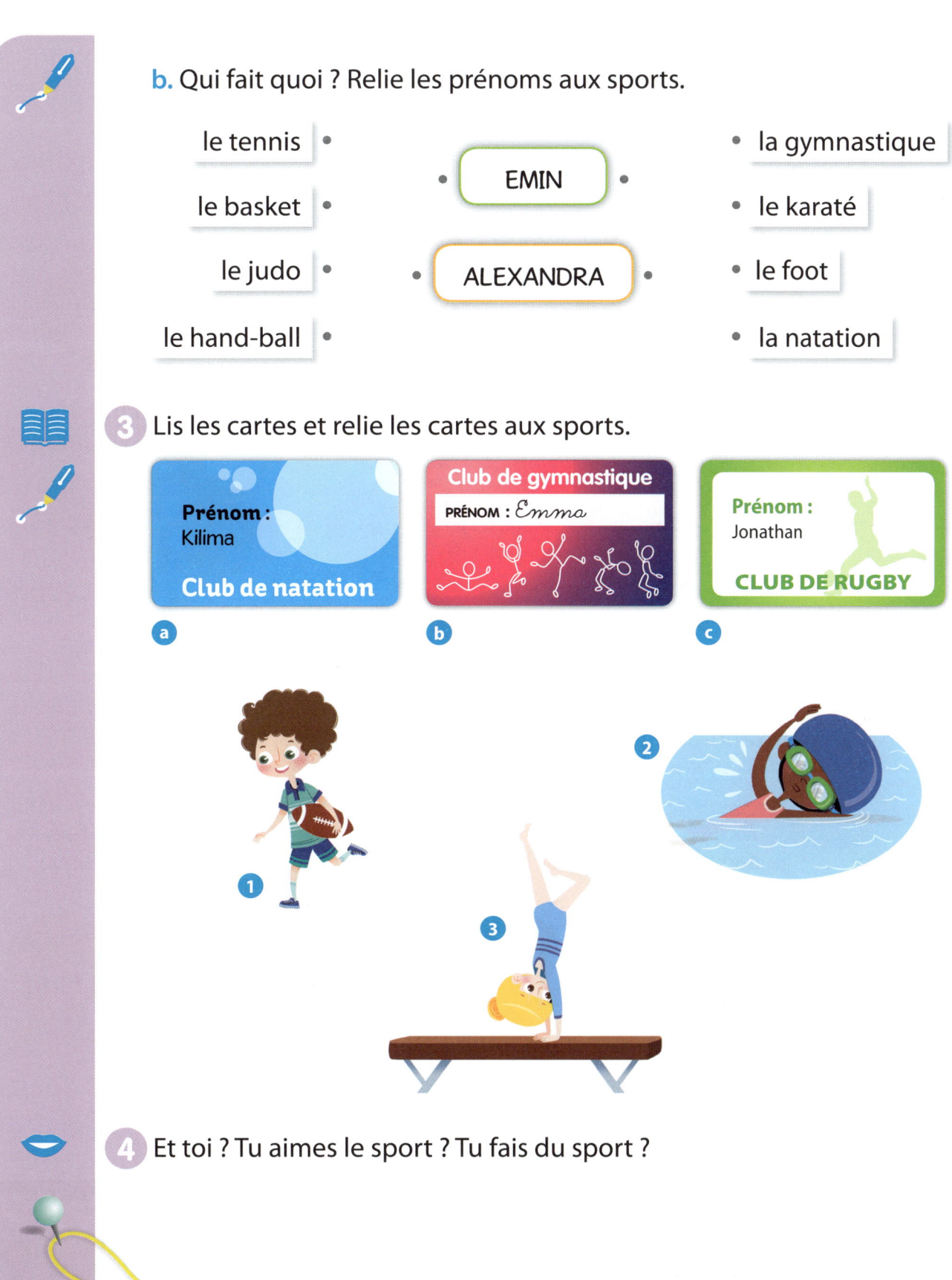

a. Prénom : Kilima — Club de natation
b. Club de gymnastique — PRÉNOM : Emma
c. Prénom : Jonathan — CLUB DE RUGBY

4 Et toi ? Tu aimes le sport ? Tu fais du sport ?

Boîte à outils

Pour poser la question :
Tu fais du sport ?
Tu fais du football ?

Pour répondre à la question :
Oui, je fais du tennis.
Non, je fais de la gymnastique.

UNITÉ 3 — Tu aimes le dessin ?

1 Regarde les dessins. Écoute et entoure ce que fait Lucie.

Elle fait du théâtre. — Elle dessine. — Elle fait de la musique.

Elle lit. — Elle danse. — Elle chante.

2 Alexandra, Wataru, Rafael et Emma font des activités. Relie les enfants à la bonne photo.

Moi, je danse ! — Moi, je chante ! — Moi, je fais du théâtre ! — Moi, je fais de la musique !

a — b — c — d

1 — 2 — 3 — 4

3 Et toi ? Qu'est-ce que tu fais ? Réponds et pose la question à ton voisin.

Mes activités, mes loisirs

 **4** Où sont les instruments de musique ? 🔊 Écoute et entoure les instruments.
🔊 41

Boîte à outils

Les instruments de musique

- Une guitare
- Une flûte
- Une trompette
- Un piano
- Un violon

Boîte à outils

Pour poser la question :
Tu fais de la musique ?

Pour répondre à la question :
Oui, je fais de la guitare.
Je fais du piano.

37

UNITÉ 3

Qu'est-ce que tu fais le week-end ?

1 Regarde les dessins. Écoute et coche le bon dessin.

a

☐ ☐

b

☐ ☐

c

☐ ☐

d

☐ ☐

38 Mes activités, mes loisirs

2 Regarde les dessins. Lis les phrases et entoure le bon dessin.

a. Rafael fait du judo.

b. Wataru fait du karaté.

c. Emin fait du piano.

d. Jonathan fait de la gymnastique.

3 🔊 Écoute et relie.
43

RAFAEL • • écoute de la musique

WATARU • • fait du roller

EMIN • • joue à un jeu vidéo

JONATHAN • • regarde un film

UNITÉ 3

Qu'est-ce que tu fais le week-end ?

4 Regarde les dessins et fais des phrases, comme dans l'exemple.

Kilima fait du roller.

a. ....

b. ....

c. ....

Boîte à outils

faire du vélo
faire du roller
regarder la télévision
regarder un film

jouer à un jeu vidéo
écouter de la musique
dormir

Mes activités, mes loisirs

RÉVISE !

Choisis un personnage et fais des phrases.

PRÉPARE-TOI au DELF PRIM!

S'entraîner pour la compréhension orale `3 points`

Regarde les dessins. Écoute les dialogues et coche la bonne case.

Dialogue 1

☐ ☐ ☐

Dialogue 2

☐ ☐ ☐

Dialogue 3

☐ ☐ ☐

Mes activités, mes loisirs

S'entraîner pour la compréhension écrite (4 points)

Lis l'affiche du club et entoure les quatre activités que tu peux faire dans ce club.

BIENVENUE DANS NOTRE CLUB !

Ici, tu peux faire du théâtre et du chant.
Tu peux aussi faire du piano et du violon.

S'entraîner pour la production écrite (7 points)

Exercice 1 (4 pts) Regarde les dessins. La fille s'inscrit au club de sport. Aide la fille à compléter sa fiche d'inscription.

Fiche d'inscription au club de sport

Prénom : ....

Âge : ....

Sports préférés :

....

....

Exercice 2 3 pts Complète l'e-mail de Lucie.
Remplace les dessins par des mots.

Salut !

Je fais de la 🥽 .... et de la 👗 ....

Tu aimes le 🥋 .... ?

À bientôt,

Lucie

S'entraîner pour la production orale 11 points

Exercice 1 3 pts Réponds aux questions.

a. Qu'est-ce que tu fais après l'école ? Le week-end ?
b. Quel est ton sport préféré ?
c. Quel est ton instrument de musique préféré ?

Exercice 2 3 pts Choisis trois photos. Pourquoi tu as choisi ces photos ?

Mes activités, mes loisirs

Exercice 3   5 pts   Regarde le dessin et parle de ce dessin.

Tu as entre 20 et 25 points : **BRAVO !** **Tu es un champion !**
Tu as entre 15 et 20 points : **C'est très bien !**
Tu as entre 10 et 15 points : **C'est bien !**
Tu as entre 5 et 10 points : **Pas mal, mais tu dois encore réviser un peu !**
Tu as entre 0 et 5 points : **Hum, Hum… Il y a encore du travail !**
Révise ce que tu n'as pas bien compris !

UNITÉ 4 — Les gens que j'aime

1 Lucie montre des photos de sa famille à Rafael.

a. Regarde la photo 1 et 🔊 écoute. **c.** Regarde la photo 3 et 🔊 écoute.
b. Regarde la photo 2 et 🔊 écoute. **d.** Regarde la photo 4 et 🔊 écoute.

e. 🔊 Écoute encore une fois, montre les personnes sur les photos et complète.

1. Où est Marianne ? Photo n°........   5. Où est David ?   Photo n°........
2. Où est Noémie ? Photo n°........   6. Où est Lisa ?   Photo n°........
3. Où est Jules ?   Photo n°........   7. Où est Paul ?   Photo n°........
4. Où est Alice ?   Photos n°........   8. Où est Maxime ? Photo n°........

f. Qui sont ces personnes ? Entoure la phrase correcte, comme dans l'exemple.

Alice est la grande sœur de Lucie.   *Alice est la petite sœur de Lucie.*

1. Marianne est la tante de Lucie.   Marianne est la grand-mère de Lucie.
2. Noémie est la mère de Lucie.   Noémie est la tante de Lucie.
3. Jules est la cousine de Lucie.   Jules est le cousin de Lucie.
4. Paul est le cousin de Lucie.   Paul est l'oncle de Lucie.

2 Tu connais la famille de Lucie ? Relie les informations.

ma sœur ma mère ma grand-mère mon oncle mon père

ma tante mon cousin ma cousine mon cousin

mon cousin mon grand-père

3 🔊 Écoute Rafael et dessine sa famille.
[50]

4 Choisis une photo de ta famille et présente ta famille.

Boîte à outils

Les enfants : une sœur, un frère
Les parents : un père (papa), une mère (maman)
Les grands-parents : un grand-père (papi), une grand-mère (mamie)
un oncle (tonton), une tante (tata)
un cousin, une cousine

Mon
Ma
Mes

UNITÉ 4 — Ton père a des lunettes ?

1 a. Lis et colorie.

> Je m'appelle Lucie.
> J'ai les yeux verts.
> J'ai les cheveux roux et longs.
> J'ai des lunettes.
> J'ai des taches de rousseur.

> Je m'appelle Wataru.
> J'ai les yeux noirs.
> J'ai les cheveux noirs et courts.
> J'ai des lunettes.

> Je m'appelle Alexandra.
> J'ai les yeux bleus.
> J'ai les cheveux bruns et longs.

b. Dessine ton portrait et fais des phrases.

Je ....

J'ai ....

....

J'ai ....

....

Les gens que j'aime

2 a. 🔊 Écoute, trouve les personnes et relie.

AKIKO   DIETER   STEVEN   MARIANA

b. Complète les phrases avec les mots suivants :
le père – la mère – le frère – la sœur.

1. Akiko est ………………………………… de Wataru.

2. Dieter est ………………………………… d'Emma.

3. Mariana est ………………………………… de Kilima.

4. Steven est ………………………………… de Jonathan.

3 Qui est-ce ?
Regarde bien les photos, choisis une personne et fais sa description.
Fais deviner aux enfants de ta classe.

Léo   Zahra   Thomas   Laura   Samuel

Ophélie   Benjamin   Mina   Yann   Line

Boîte à outils

des cheveux courts ≠ des cheveux longs   des lunettes   une barbe
des taches de rousseur   une moustache

UNITÉ 4 — Ton père a des lunettes ?

4 Emin présente sa famille.
Lis la lettre et entoure la bonne photo.

Salut Lucie,
Voici une photo de ma famille.
Mon père est grand et a les cheveux courts et noirs. Il a les yeux verts.
Il a une moustache.
Ma mère est grande et elle a les cheveux bruns. Elle a les yeux bleus.
Mon frère a des lunettes. Il a les yeux bleus et les cheveux noirs.
Ma sœur est petite. Elle a les yeux verts et les cheveux bruns.
Elle a des lunettes.
À bientôt !
Emin

5 Maintenant, comme Emin, tu écris une lettre à ton correspondant français et tu décris ta famille.

N'oublie pas de dire bonjour !

Tu parles des personnes de ta famille : les yeux, les cheveux, la taille...

N'oublie pas de signer !

Les gens que j'aime

Dans ma valise

1 a. 🔊 Écoute les enfants parler de leur vêtement préféré.

b. 🔊 Écoute encore et entoure ton vêtement préféré.

c. Dessine ton vêtement préféré.

2 a. Regarde le dessin 1. 🔊 Écoute Lucie et entoure les habits qu'elle met.

b. Regarde le dessin 2. 🔊 Écoute son cousin Mathieu et entoure les habits qu'il met.

UNITÉ 4

Dans ma valise

3 🔊 Écoute Lucie et colorie les vêtements.

4 Lucie part en vacances. Elle écrit la liste des vêtements à mettre dans sa valise. Relie chaque vêtement de la liste au bon dessin.

Ma robe rouge •
Mon tee-shirt rose •
Ma jupe blanche •
Mes chaussures bleues •

5 Regarde Rafael. Qu'est-ce qu'il porte aujourd'hui ? Entoure les bons vêtements.

un manteau

un pull

une robe

des baskets

une jupe

un tee-shirt

une chemise

un pantalon

Les gens que j'aime

6 Entoure les noms des six vêtements dans la grille, comme dans l'exemple.

C	H	E	M	I	S	E
H	X	O	A	R	V	W
A	C	D	N	O	A	C
U	L	I	T	V	I	T
S	U	S	E	J	O	P
S	R	Y	A	T	C	A
U	R	M	U	P	A	N
R	O	B	E	U	Y	T
E	G	J	O	L	B	A
S	Z	E	R	L	Y	L
I	J	U	P	E	N	O
O	A	F	E	D	I	N

7 Regarde le dessin. Écris la liste des huit vêtements qu'Emma prend pour les vacances.

1. Une r _ _ e rose

2. Un tee-shirt _ _ _ _ _

3. Un m_ _ _ _ _ _ _ _   _ _ _ _ _

4. _ _ _   pull _ _ _ _ _

5. Une _ _ _ _ _   _ _ _ _ _

6. Un _ _ _ _ _ _ _ _ _

7. Une _ _ _ _ _ _ _ _ _

8. Des _ _ _ _ _ _ _ _ _ _ _ _

Dans ma valise

8 Qui est qui ? Lis les descriptions.

  a. Écris le nom de chaque personne de la famille d'Emma.
  b. Colorie les vêtements.

> La grand-mère a un manteau jaune, une robe rouge et des chaussures noires. Elle a les cheveux blancs et les yeux bleus. Elle est petite.

> Le grand-père a une veste bleue, un pull vert, un pantalon bleu et des chaussures vertes. Il a les cheveux blancs et les yeux marron. Il a des lunettes.

> Le père a un manteau marron, une chemise orange, un pantalon noir et des chaussures marron. Il a les cheveux bruns et les yeux bleus. Il a des lunettes, une moustache et une barbe.

> La mère a une veste rose, une jupe noire et un pull jaune. Elle a des chaussures jaunes. Elle a les cheveux longs et blonds et les yeux bleus. Elle est grande.

9 Et toi ? Qu'est-ce que tu portes aujourd'hui ? Décris-toi.

Les gens que j'aime

RÉVISE !

1 Trouve la maman de chacun de nos amis. Relie les dessins. Explique pourquoi.

2 a. 🔊 Écoute et relie les valises aux enfants.
57

b. 🔊 Écoute et colorie les vêtements.
58

PRÉPARE-TOI au DELF PRIM !

S'entraîner pour la compréhension orale — 8 points

Écoute Alexandra et entoure les personnes de sa famille.

Mon frère

Ma mère

Mon père

Ma tante

Les gens que j'aime

S'entraîner pour la production orale   20 points

Exercice 1   5 pts   Réponds aux questions.

Quels sont tes vêtements préférés ? Ils sont de quelle couleur ?
Pose les questions à ton voisin.

Exercice 2   8 pts   Regarde et décris les dessins.

a

b

c

d

Exercice 3 7 pts Regarde les deux dessins et trouve les sept différences.

S'entraîner pour la production écrite **12 points**

Complète ta fiche.

Qui es-tu ?

Nom : .... Prénom : .... Âge : ....

Couleur des yeux : .... Couleur des cheveux : ....

Taille : .... Couleur préférée : ....

Vêtement préféré : ....

Tu as des lunettes ? ....

Frère(s) : Oui ☐ Combien ? .... Non ☐

Sœur(s) : Oui ☐ Combien ? .... Non ☐

Tu as un animal ? Oui ☐ Quel animal ? .... Non ☐

Dessine-toi !

Tu as entre 30 et 40 points : **BRAVO !** **Tu es un champion !**

Tu as entre 20 et 30 points : **C'est très bien !**

Tu as entre 10 et 20 points : **C'est bien !**

Tu as entre 5 et 10 points : **Pas mal, mais tu dois encore réviser un peu !**

Tu as entre 0 et 5 points : **Hum, Hum… Il y a encore du travail !
Révise ce que tu n'as pas bien compris !**

UNITÉ 5 Chez moi

1 Regarde les dessins. Réponds : c'est où ? Qui habite là ? Wataru ? Lucie ? Alexandra ? Jonathan ?

2 Lis maintenant les quatre lettres. Écris le prénom de chaque enfant sous le bon dessin.

Salut !
J'habite dans un immeuble à Marseille. C'est à la mer. Je vois les bateaux.
Lucie

Coucou !
J'habite dans une petite maison à la campagne à côté de Moscou. Il y a un jardin avec des arbres.
Alexandra

Bonjour !
J'habite dans une très grande ville et dans un très grand immeuble. Il y a beaucoup de monde.
Wataru

Salut !
J'habite dans une grande maison à côté de Boston. Il y a un petit jardin.
Jonathan

3 Complète les phrases avec les mots en jaune :

a. Emma habite dans une ....

b. Emin habite dans un ....

4 Complète les phrases avec les mots en vert :

a. Rafael habite à la ....

b. Kilima habite dans une ....

c. Alexandra habite à la ....

5 Et toi ?
a. Tu habites dans un immeuble ou dans une maison ?
b. Tu habites dans une ville ? À la campagne ? À la mer ?

Boîte à outils

une maison   à la campagne
un immeuble   à la mer
dans une ville / en ville

UNITÉ 5 — Elle est comment ta maison ?

1 Relie les activités de Kilima aux pièces de la maison.

a. Kilima regarde la télévision.

b. Kilima mange.

c. Kilima se lave les dents.

d. Kilima joue au ballon.

e. Kilima dort.

2 a. 🔊 **Écoute** maintenant.
 [60]

b. 🔊 **Écoute** encore et complète les mots.
 [61]

UN S _ _ O N   UNE CU _ S _ N _   UNE S _ L _ E DE _ AINS

UN J _ _ DIN   UNE _ _ AM _ RE

3 🔊 Écoute Lucie.

a. Qui est dans quelle pièce de la maison ? Écris le nom de la pièce à côté de la bonne personne.

Dans le  ....   Dans la ....

Dans le  ....   Dans la ....

b. Où est le chat de Lucie ?

Le chat de Lucie est ....

4 Lis les instructions de la maman de Lucie et écris le numéro de la pièce qui correspond.

a. Range ta chambre ! → n°............   **d.** Va jouer dans le jardin ! → n°............

b. Lave-toi les dents ! → n°............   **e.** Ne regarde pas la télévision ! → n°............

c. Prends ton petit déjeuner ! → n°............

UNITÉ 5

Elle est comment ta maison ?

5 🔊 **Écoute** et dessine chaque objet ou animal dans la bonne pièce.

Boîte à outils

Les pièces de la maison

la cuisine	la salle de bains	le jardin
le salon	la chambre	

Chez moi

Et voilà ma chambre !

1 À qui est la chambre ? Écris le bon prénom. Dis pourquoi.

a. C'est la chambre de .... **b.** C'est la chambre d'..................................

c. C'est la chambre de ....

2 Lis la lettre d'Anna et trouve sa chambre. Coche le bon dessin.

> Salut !
> Ma chambre est petite.
> Il y a deux lits : mon lit et le lit d'Elena, ma petite sœur.
> Mon lit est rose. Le lit d'Elena est rouge.
> Il y a un ordinateur et une grande armoire verte.
> À bientôt !
> Anna

UNITÉ 5

Et voilà ma chambre !

3 Le jeu des sept erreurs.

　a. Observe les deux dessins. Il y a sept différences. Entoure les différences.

　b. 🔊 Écoute et coche la bonne chambre.
　　　64

4 🔊 Écoute et colorie.
　　65

Boîte à outils

sous	dans
sur	à côté de

le lit
le bureau
l'armoire
la bibliothèque

5 Décris ta chambre à ton voisin.

6 Écris une lettre à ton ami(e) français(e) pour décrire ta chambre.

Comment s'appelle ton ami(e) ? N'oublie pas de dire bonjour.

Comment est ta chambre ? grande ? Petite ?

Qu'est-ce qu'il y a dans ta chambre ? Un lit ? Un ordinateur ?

Chez moi

Tu as un animal ?

1 Regarde le dessin et entoure les animaux que tu aimes.

2 🔊 Écoute et écris le numéro qui correspond à l'animal sur le dessin.
66

3 Comment s'appellent les animaux ? 🔊 Écoute Lucie et écris les noms des animaux sur le dessin.
67

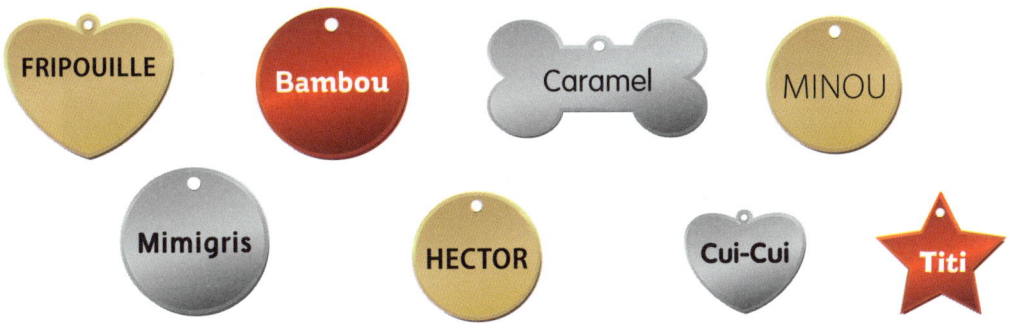

FRIPOUILLE — Bambou — Caramel — MINOU — Mimigris — HECTOR — Cui-Cui — Titi

4 Relie chaque animal à son nom.

chien •   • tortue
chat •   • poisson
souris •   • oiseau
hamster •   • lapin

UNITÉ 5

Tu as un animal ?

5 Écris le nom de l'animal qui correspond au dessin.

6 Emma, Emin, Wataru et Kilima ont un animal. Écoute et écris le prénom des enfants sous les animaux.

Animal de ....   Animal d' ....   Animal d' ....   Animal de ....

7 Et toi ? Tu as un animal ? Décris-le.

Boîte à outils

Les animaux de la maison

| un chat | un poisson | un hamster | un lapin |
| un chien | un oiseau | une souris | une tortue |

Chez moi

RÉVISE !

a. Regarde bien les pièces de la maison et les personnes pendant deux minutes.

b. Maintenant, cache la maison avec une feuille et réponds aux questions.

1. Il y a combien de pièces dans la maison ? ....
2. Dans quelle pièce sont les parents ? ....
3. Combien y-a-t-il d'enfants ? ....
4. Où est le chat ? ....
5. De quelle couleur est la chambre de la petite fille ? ....
6. De quelle couleur est le lit des parents ? ....
7. Est-ce qu'il y a un jardin ? ....
8. Est-ce qu'il y a un chien dans la cuisine ? ....
9. Combien de personnes sont blondes ? ....
10. Quel animal est dans la chambre des garçons ? ....

PRÉPARE-TOI au DELF PRIM!

S'entraîner pour la compréhension orale 20 points

Exercice 1 6 pts Regarde les dessins. Écoute les dialogues et coche la bonne case.

Dialogue 1

☐ ☐ ☐

Dialogue 2

☐ ☐ ☐

Dialogue 3

☐ ☐ ☐

Chez moi

Exercice 2 — 8 pts
Regarde les dessins. Écoute les messages et écris le numéro du message sous le dessin correspondant.

Message n°............   Message n°............   Message n°............   Message n°............

Exercice 3 — 6 pts
Regarde les dessins. Écoute les dialogues et entoure les dessins correspondants.

Dialogue 1

Dialogue 2

S'entraîner pour la production écrite (8 points)

Complète le message de Kilima. Remplace les dessins par des mots.

Bonjour,

J'habite dans une ...., dans une grande ....

Chez moi, il y a 5 pièces : la ...., la ...., ma ...., la chambre de mes .... et la chambre de mon petit frère. Il y a aussi un petit ....

J'ai une .... Elle s'appelle Sophie.

À bientôt !
Kilima

S'entraîner pour la production orale (12 points)

Exercice 1 — 4 pts — Réponds aux questions.

a. Tu as un animal ? Comment il s'appelle ? Il est comment ?
b. Tu habites où ? Tu as une grande maison ? Quelle est ton adresse ?

Exercice 2 — 3 pts — Choisis une photo. Qu'est-ce que c'est ? Pourquoi tu as choisi cette photo ?

a

b

c

d

Exercice 3 5 pts   Regarde le dessin. Qu'est-ce que tu vois ? Décris le dessin.

🙂 Tu as entre 30 et 40 points : **BRAVO ! Tu es un champion !**
🙂 Tu as entre 20 et 30 points : **C'est très bien !**
🙂 Tu as entre 10 et 20 points : **C'est bien !**
🙂 Tu as entre 5 et 10 points : **Pas mal, mais tu dois encore réviser un peu !**
🙂 Tu as entre 0 et 5 points : **Hum, Hum… Il y a encore du travail !**
Révise ce que tu n'as pas bien compris !

UNITÉ 6 — Mes vacances et mes fêtes

1 Lucie et Alice passent la journée à la mer. Lis l'histoire.

UNITÉ 6

2 Réponds aux questions.

a. Lucie et Alice se réveillent à quelle heure ? ....

b. Où vont Lucie et Alice ? ....

c. Alice met un maillot de bain 🔴 ou 🩷 ? ....

d. Il fait ☁️ ou ☀️ ? ....

e. Qui va dans l'eau ? ....

f. Alice mange une glace à la 🍓 ou au 🍋 ? ....

3 🔊 Écoute les dialogues et écris le numéro du dessin qui correspond.
[70]

Dialogue 1 ➜ Dessin n°............   Dialogue 3 ➜ Dessin n°............

Dialogue 2 ➜ Dessin n°............   Dialogue 4 ➜ Dessin n°............

4 🔊 Écoute les messages et écris le numéro du dessin qui correspond.
[71]

Message 1 ➜ Dessin n°............   Message 6 ➜ Dessin n°............

Message 2 ➜ Dessin n°............   Message 7 ➜ Dessin n°............

Message 3 ➜ Dessin n°............   Message 8 ➜ Dessin n°............

Message 4 ➜ Dessin n°............   Message 9 ➜ Dessin n°............

Message 5 ➜ Dessin n°............

5 Complète les phrases.

a. J'aime les vacances à la 🏖️ ....

b. Je me baigne dans la ⛵ ....

c. J'ai un 🩴 .... vert.

d. Il fait très 😓 ....

e. Je mets de la 🧴 ....

UNITÉ 6

Tu préfères la montagne en été ou en hiver ?

1 Regarde les deux dessins et trouve les différences.

2 a. Complète maintenant les lettres d'Emma avec les mots suivants :

J'aime la montagne en hiver.
Il fait ....
Il y a ....
Avec mes amis, on fait ....
Je ....
Je fais ....

chaud — froid — du soleil — de la neige — du ski — de la marche — joue dans la neige — cherche des fleurs — des vaches — un bonhomme de neige

J'aime la montagne en été.
Il fait ....
Il y a ....
On fait ....
Avec mes amis, je ....
Il y a ....

b. 🔊 Écoute Emma pour vérifier tes réponses.
72

3 Les quatre saisons. Complète avec les quatre mots :
printemps – été – automne – hiver.

....   a...............   ....   p...............

4 Tu aimes l'été ? L'hiver ? L'automne ? Le printemps ? Pourquoi ?

Boîte à outils

L'été	Le printemps	Il fait beau.	Il neige.
L'hiver	L'automne	Il fait chaud.	Il pleut.
		Il fait froid.	Il y a du soleil.

Mes vacances et mes fêtes

Il y a des girafes au zoo ?

1 Regarde le dessin du zoo. Tu aimes quels animaux ?
Colorie les animaux que tu aimes.

2 Écoute et montre les dessins.

3 Relie chaque animal à son nom. Attention, il y a un nouvel animal !

un lion   un singe   un éléphant   un dauphin   une girafe

UNITÉ 6

Il y a des girafes au zoo ?

4 Les enfants jouent. Écris le nom de l'animal.

| Alexandra est | Emin est | Lucie est | Rafael est | Wataru est |
| un ___ | un ___ | une ___ | un ___ | un ___ |

5 Regarde les animaux et complète avec : gentil – gros – petit – grande – rigolo.

Elle est ___ .   Il est ___ .   Il est ___ .

Il est ___ .   Il est ___ .

Boîte à outils

Les animaux
un lion
un singe
une girafe
un éléphant
un dauphin

 Il est gentil. Elle est gentille.

 Il est gros. Elle est grosse.

 Il est rigolo.

Mes vacances et mes fêtes

Joyeux anniversaire !

1 🔊 Écoute les filles et relie les dessins aux dates d'anniversaire.

21 juillet •         • 3 octobre

21 juin •   a   b   • 18 mai

18 février •         • 3 septembre

27 janvier •   c   d   • 27 février

2 🔊 Écoute les dialogues et coche la bonne date de naissance.

a) Il est né le :
- ☐ 14 janvier
- ☐ 14 février
- ☐ 14 juillet

b) Il est né le :
- ☐ 3 octobre
- ☐ 3 novembre
- ☐ 3 décembre

c) Il est né le :
- ☐ 16 avril
- ☐ 17 mai
- ☐ 16 septembre

d) Il est né le :
- ☐ 28 mars
- ☐ 29 juin
- ☐ 30 août

3 Et toi ? Quelle est ta date de naissance ? Demande à ton voisin sa date de naissance.

Boîte à outils

Janvier	Juillet
Février	Août
Mars	Septembre
Avril	Octobre
Mai	Novembre
Juin	Décembre

Pour poser la question :
Tu es né(e) quand ?
Quelle est ta date de naissance ?
C'est quand ton anniversaire ?

Pour répondre à la question :
Je suis né(e) le 10 avril.
Ma date de naissance, c'est le 10 avril.
Mon anniversaire, c'est le 10 avril.

UNITÉ 6 — Joyeux anniversaire !

4 Lis l'invitation, réponds et coche la bonne réponse.

a. C'est l'anniversaire de _____.

b. La fête a lieu le ☐ 14 février ☐ 15 février ☐ 20 février.

c. C'est à ☐ 14 heures ☐ 15 heures ☐ 20 heures.

d. La fête est à côté de :

☐   ☐   ☐

5 🔊 76 Écoute et relie les masques des animaux aux enfants.

LUCIE   MAX   LAURA   SIMON   LENA

6 🔊 77 Écoute et écris le nom des cadeaux de Rafael.

a. Un _____ _____.

b. Un _____ et _____.

Mes vacances et mes fêtes

Joyeux Noël !

1 Lis la lettre de Lucie et mets les dessins dans l'ordre : écris 1, 2, 3, 4 ou 5 dans les dessins.

> Salut !
> En décembre, c'est Noël.
> Avec Alice et mon papa, on fait un sapin de Noël. On écrit une lettre au père Noël.
> Le 24 décembre, on mange avec toute la famille. Le 25 décembre, je me réveille tôt. Alice aussi. Le père Noël est passé ! Il y a des cadeaux !
> Et chez toi, c'est comment Noël ?
> Bisous !
> Lucie

2 Rafael raconte Noël au Chili. Écoute et mets les dessins dans l'ordre : écris 1, 2, 3, 4 ou 5 dans les dessins.

UNITÉ 6

Joyeux Noël !

3 Qui écrit ? Relie les lettres aux enfants.

a. Dans mon pays, il n'y a pas de fête pour Noël.
Mais il y a une grande fête pour la nouvelle année, le 31 décembre.
On écoute de la musique, on donne des petits cadeaux.
Il y a des feux d'artifice.

b. Dans mon pays, Noël, c'est une fête religieuse.
On va à l'église.
On danse, on chante.
On a des vêtements neufs.
On mange de la chèvre.

c. Dans mon pays, le père Noël s'appelle Santa Claus. Il voyage avec Rudolph, le renne.
Les enfants mettent des chaussettes devant la cheminée pour les cadeaux. Et aussi des bonbons rouge et blanc.

d. Dans mon pays, on prépare des gâteaux à la cannelle pour Noël. C'est très bon !
On met une couronne de sapin sur la porte de la maison.
Le Christkind apporte les cadeaux. On lui donne des gâteaux et un verre de lait.

e. Dans mon pays, Noël, ce n'est pas une fête traditionnelle.
Il y a beaucoup de lumières dans les villes.
C'est un jour romantique, c'est le jour des amoureux.

f. Dans mon pays, Noël, c'est le 7 janvier.
Le père Noël s'appelle Ded Moroz et il est avec une belle jeune fille, Snegourochka.
Il fait très froid.

4 a. Dans ton pays, est-ce qu'on fête Noël ? Raconte ce que tu fais.

b. Raconte une grande fête de ton pays.

Boîte à outils

Le sapin de Noël — La dinde aux marrons — La bûche de Noël — Les cadeaux

Mes vacances et mes fêtes

RÉVISE !

1. Quelle valise pour quelle saison ? Regarde les valises d'Emma et dis la saison. Explique pourquoi.

2. Où va Rafael ? Regarde les valises de Rafael et dis où il part en vacances. Dis ce qu'il va faire.

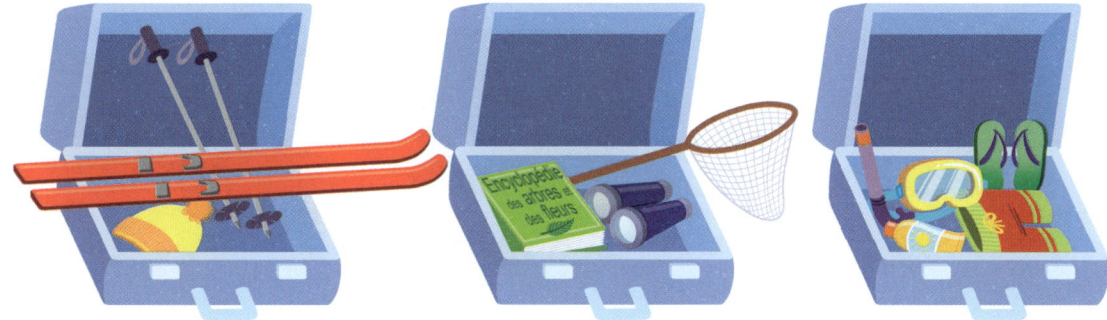

3. Un zoo fou ! Les animaux ne sont pas à la bonne place. Montre leur place dans le zoo !

PRÉPARE-TOI au DELF PRIM !

S'entraîner pour la compréhension orale — 16 points

Exercice 1 — 8 pts — Regarde les dessins. Écoute les dialogues et coche la bonne case.

Dialogue 1

☐ ☐ ☐

Dialogue 2

☐ ☐ ☐

Dialogue 3

☐ ☐ ☐

Dialogue 4

☐ ☐ ☐

84 Mes vacances et mes fêtes

Exercice 2 — 8 pts — Regarde les photos. Écoute les messages et écris le numéro du message sous l'animal.

Message .... Message .... Message .... Message ....

S'entraîner pour la compréhension écrite — 12 points

Exercice 1 — 8 pts — Nora a écrit sa liste de cadeaux au père Noël. Aide le père Noël à trouver les cadeaux. Entoure les quatre cadeaux de la liste.

Liste de cadeaux
un vélo
une poupée
des bonbons
un chat en peluche

Exercice 2 — 4 pts — Lis l'invitation et réponds aux questions.

a. À quelle heure est l'invitation ?
....
b. Qu'est-ce que tu dois apporter ?

c. Écris l'adresse de Zohra :
....

S'entraîner pour la production écrite 18 points

Exercice 1 8 pts Complète la carte postale de Salomé. Remplace les dessins par des mots, comme dans l'exemple : Noël !

Salut Laura !

Ce sont les vacances de Noël !

C'est l' ....

Ici, en France, il fait très .... !

Je préfère l' .... : je vais à la ...., il fait .... !

Mais à Noël, j'ai des ...., c'est super !

J' .... bien aussi manger du .... au chocolat.

Gros bisous,

Salomé

Exercice 2 10 pts Tu pars en vacances. Écris un message pour inviter ton ami. Tu dis quelles affaires il doit prendre (cinq affaires). Tu peux t'aider des dessins.

Salut !

- ....
- ....
- ....
- ....
- ....

Mes vacances et mes fêtes

S'entraîner pour la production orale `4 points`

Choisis deux photos. Pourquoi tu as choisi ces photos ?

Tu as entre 40 et 50 points : **BRAVO !** Tu es un champion !

Tu as entre 30 et 40 points : C'est très bien !

Tu as entre 20 et 30 points : C'est bien !

Tu as entre 10 et 20 points : Pas mal, mais tu dois encore réviser un peu !

Tu as entre 0 et 10 points : Hum, Hum… Il y a encore du travail !
Révise ce que tu n'as pas bien compris !

TRANSCRIPTIONS

UNITÉ 1 — Je me présente

Piste 2 — Activité 2 : Qui parle ? Écoute et montre.
Alexandra : Salut, je m'appelle Alexandra.
Emma : Bonjour, je suis Emma.
Lucie : Coucou, moi, c'est Lucie.
Kilima : Et moi, je m'appelle Kilima.

Piste 3 — Activité 5 : Écoute et entoure les deux fiches.

Prénom : Kilima   Prénom : Emma
Âge : 8 ans   Âge : 10 ans
Pays : Kenya   Pays : Allemagne
Ville : Nairobi   Ville : Sarrebruck

Piste 4 — Activité 6 : Qui parle ? Écoute et montre.
Emin : Salut, je m'appelle Emin.
Jonathan : Bonjour, je suis Jonathan.
Rafael : Coucou, moi, c'est Rafael.
Wataru : Et moi, je m'appelle Wataru.

Piste 5 — Activité 7. b : Écoute et écris les bons prénoms.

Prénom : Emin   Prénom : Wataru
Âge : 8 ans   Âge : 9 ans
Pays : Turquie   Pays : Japon
Ville : Istanbul   Ville : Tokyo

Comment tu t'appelles ?

Piste 6 — Activité 2 : Lis les prénoms, écoute le professeur et entoure.
Professeur : Marie ?
Marie : Présente !
Professeur : Anaïs ?
Anaïs : Je suis là !
Professeur : Marion ?
Marion : Présente !
Professeur : Matthias ?
Matthias : Présent !
Professeur : Clément ?
Clément : Je suis là !
Professeur : Maxence ?
Maxence : Présent !

Piste 7 — Activité 3 : Écoute les enfants et écris leur prénom.
a. **Femme :** Comment tu t'appelles ?
Jonathan : Je m'appelle Jonathan. Ça s'écrit J.O.N.A.T.H.A.N. Je répète : J.O.N.A.T.H.A.N.
b. **Femme :** Et toi, comment tu t'appelles ?
Lucie : Moi, c'est Lucie.
Femme : Comment ça s'écrit ?
Lucie : L.U.C.I.E.
c. **Femme :** Comment tu t'appelles ?
Kilima : Je m'appelle Kilima.
Femme : Ça s'écrit comment ?
Kilima : Ça s'écrit K.I.L.I.M.A. Je répète encore une fois ? K.I.L.I.M.A.
d. **Femme :** Et toi, comment tu t'appelles ? Comment ça s'écrit ?
Rafael : Rafael, ça s'écrit : R.A.F.A.E.L.

Tu as quel âge ?

Piste 8 — Activité 1 : Écoute et relie le son que tu entends, comme dans l'exemple.
Exemple : Il a 10 ans.
J'ai 7 ans.
Elle a 8 ans.
Il a 9 ans.
Elle a 11 ans.
J'ai 12 ans.

Piste 9 — Activité 2 : Écoute et entoure les trois nombres que tu entends, comme dans l'exemple.
Exemple :
Femme : *Quel âge a ta sœur, Lucie ?*
Lucie : *Ma petite sœur a 7 ans.*
Femme : *7 ans ?*
Lucie : *Oui, 7 ans !*

a. **Femme :** Jonathan, tu as 8 ans ?
Jonathan : Non, j'ai 9 ans. Je suis grand !
Femme : 9 ans ?
Jonathan : Oui, c'est ça !

b. **Femme :** Emma, tu as quel âge, toi ?
Emma : Moi, j'ai 10 ans !
Femme : Oh là là ! 10 ans !

c. **Femme :** Tu as quel âge Kilima ? 8 ans ? 9 ans ?
Kilima : J'ai 8 ans !
Femme : 8 ans ?
Kilima : Oui, c'est ça !

Tu habites où ?

Piste 10 — Activité 1 : Écoute : qui habite où ? Relie les prénoms à la bonne adresse.
Jeanne : Moi, c'est Jeanne, j'habite 6, rue Didot.
Jules : Je suis Jules et j'habite 21, rue Parmesan.
Salomé : Je m'appelle Salomé et j'habite 17, rue Mozart.
Hugo : Moi, je m'appelle Hugo ; j'habite 10, rue du Chemin vert.

Quel est ton pays ?

Piste 11 — Activité 1 : Regarde et écoute : dans quel pays habite chaque enfant ?
Homme : Bonjour, quel est ton pays ?
Lucie : Coucou, moi, c'est Lucie et mon pays, c'est la France.
Alexandra : Moi, c'est Alexandra et mon pays, c'est la Russie.
Jonathan : Salut, moi, c'est Jonathan et mon pays, c'est les États-Unis.
Rafael : Et moi, c'est Rafael et mon pays, c'est le Chili.

Piste 12 — Activité 2 : Écoute encore. Complète le tableau et colorie les drapeaux.
Homme : Bonjour, quel est ton pays ?
Lucie : Coucou, moi, c'est Lucie et mon pays, c'est la France.
Alexandra : Moi, c'est Alexandra et mon pays, c'est la Russie.
Jonathan : Salut, moi, c'est Jonathan et mon pays, c'est les États-Unis.
Rafael : Et moi, c'est Rafael et mon pays, c'est le Chili.

C'est de quelle couleur ?

Activité 1 : Écoute et montre les drapeaux des enfants.
Jonathan a un drapeau jaune.
Alexandra a un drapeau bleu.
Rafael a un drapeau vert.
Lucie a un drapeau rouge.

Activité 2 : Écoute et colorie le drapeau de Kilima, Emma, Wataru et Emin.
Kilima a un drapeau vert.   Wataru a un drapeau jaune.
Emma a un drapeau bleu.   Emin a un drapeau rouge.

Tu es comment ?

Activité 1 : Regarde, écoute et répète.
Emma a les cheveux blonds et les yeux marron.
Rafael a les cheveux bruns et les yeux marron.
Lucie a les cheveux roux et les yeux verts.
Wataru a les cheveux noirs et les yeux noirs.

Activité 2 : Écoute et colorie.
Alexandra a les cheveux bruns et les yeux bleus.
Jonathan a les cheveux bruns et les yeux verts.
Kilima a les cheveux noirs et les yeux marron.
Emin a les cheveux bruns et les yeux bleus.

Activité 4 : Écoute et montre
Kilima est petite.   Jonathan est petit.
Lucie est grande.   Rafael est grand.

Activité 5 : Écoute et écris le prénom.
Emma est grande.   Emin est grand.
Alexandra est petite.   Wataru est petit.

Salut ! Ça va ?

Activité 1 : Écoute les dialogues et écris le bon numéro.
1. **Fille :** Bonjour !
   Garçon : Salut !
2. **Garçon :** Tu vas bien ?
   Fille : Oui, ça va très bien !
3. **Fille :** À bientôt !
   Garçon : Oui, à bientôt ! Au revoir !

Activité 2 : Écoute les dialogues et écris le bon numéro.
1. **Maître :** Bonjour, Kilima !
   Kilima : Bonjour, monsieur !
   Maître : Tu vas bien ?
   Kilima : Oui, merci et vous ?
   Maître : Très bien. À bientôt !
   Kilima : Au revoir, monsieur !

2. **Madame Dahlia :** Bonjour, monsieur !
   Homme : Bonjour, madame Dahlia, comment allez-vous ?
   Madame Dahlia : Je vais bien. Et vous ?
   Homme : Moi aussi !
   Madame Dahlia : Au revoir !

3. **Emma :** Salut, Wataru !
   Wataru : Salut, Emma ! Tu vas bien ?
   Emma : Oui et toi ?
   Wataru : Très bien !

Prépare-toi au DELF Prim !
S'entraîner pour la compréhension orale

Regarde les dessins. Écoute les dialogues et coche la bonne case.

Dialogue 1
Femme : Ton pays, c'est l'Allemagne ?
Garçon : Non, mon pays, c'est le Japon.
Femme : Le Japon ?
Garçon : Oui, c'est ça !
Quel est le pays du garçon ? Écoute encore !
Femme : Ton pays, c'est l'Allemagne ?
Garçon : Non, mon pays, c'est le Japon.
Femme : Le Japon ?
Garçon : Oui, c'est ça !
Quel est le pays du garçon ?

Dialogue 2
Femme : Tu as quel âge Lili ?
Lili : J'ai 7 ans.
Femme : 7 ans ?
Lili : Oui, c'est ça !
Quel âge a Lili ? Écoute encore !
Femme : Tu as quel âge Lili ?
Lili : J'ai 7 ans.
Femme : 7 ans ?
Lili : Oui, c'est ça !
Quel âge a Lili ?

Dialogue 3
Femme : Tu as les cheveux blonds ?
Garçon : Oui, j'ai les cheveux blonds.
Femme : Et tes yeux ? Ils sont verts ?
Garçon : Non, ils sont bleus.
Femme : Tu as les yeux bleus ?
Garçon : Oui, oui.
Qui est le garçon ? Écoute encore !
Femme : Tu as les cheveux blonds ?
Garçon : Oui, j'ai les cheveux blonds.
Femme : Et tes yeux ? Ils sont verts ?
Garçon : Non, ils sont bleus.
Femme : Tu as les yeux bleus ?
Garçon : Oui, oui.
Qui est le garçon ?

Dialogue 4
Femme : Olivia, tu as de beaux yeux noirs !
Olivia : Merci beaucoup !
Femme : Et tu es grande !
Olivia : Mais non, je suis très petite, très petite…
Qui est Olivia ? Écoute encore !
Femme : Olivia, tu as de beaux yeux noirs !
Olivia : Merci beaucoup !
Femme : Et tu es grande !
Olivia : Mais non, je suis très petite, très petite…
Qui est Olivia ?

S'entraîner pour la production écrite

Regarde les dessins. Mina est la nouvelle élève de la classe. Elle ne parle pas bien français. Aide Mina à compléter la page de son nouveau cahier.

TRANSCRIPTIONS

S'entraîner pour la production orale

Piste 21 **Exercice 1 :** Réponds aux questions.
Piste 21 **Exercice 2 :** Regarde le dessin et parle de ce dessin.

UNITÉ 2 — À l'école

Piste 22 **Activité 1 :** Regarde les deux dessins. Écoute l'histoire et montre la bonne classe.

a. La maîtresse lit une histoire. Alexandra écoute l'histoire. Sonia dort. Macha lit un livre.
b. La maîtresse écrit au tableau. Rafael parle avec son voisin. Simon dessine. Lucie écrit sur son cahier.

Piste 23 **Activité 2 :** Regarde les deux dessins. Écoute les phrases et montre la bonne classe.

a. La maîtresse écrit.
b. La maîtresse lit.
c. Alexandra écoute.
d. Rafael parle.
e. Macha lit.
f. Lucie écrit.
g. Sonia dort.
h. Simon dessine.

Qu'est-ce qu'il y a dans ton sac ?

Piste 24 **Activité 1 :** Écoute et montre les affaires des enfants.

Emin a une règle.
Emma a une trousse.
Jonathan a des ciseaux.
Lucie a un cahier.

Piste 25 **Activité 2 :** Écoute Rafael. Il met des affaires dans son sac. Entoure les affaires.

Rafael : Dans mon sac, je mets des ciseaux, un cahier, une trousse et une règle.

Tu aimes les mathématiques ? Et le français ?

Piste 26 **Activité 1 :** Écoute Jonathan : qu'est-ce qu'il aime ? Regarde les dessins et coche les bonnes réponses.

Homme : Qu'est-ce que tu aimes Jonathan ?
Jonathan : J'aime le français et j'aime l'anglais.
Homme : Tu aimes les mathématiques ?
Jonathan : Non !
Homme : Et les sciences ?
Jonathan : Non !
Homme : Et le sport, tu aimes ?
Jonathan : Oui, j'aime le sport ! J'aime aussi l'histoire et la géographie.
Homme : Tu aimes la musique et l'art plastique ?
Jonathan : Non !

Piste 27 **Activité 2 :** Écoute.

a Qu'est-ce que Lucie aime ? Entoure en rouge.
Lucie : Moi, j'aime les mathématiques. J'aime aussi l'histoire et le sport.

b Qu'est-ce que Rafael aime ? Entoure en vert.
Rafael : Moi, j'aime l'anglais et la géographie. J'aime aussi la musique.

Piste 28 **Activité 4 :** Écoute Kilima : qu'est-ce qu'elle aime ? Entoure.

Femme : Kilima, qu'est-ce que tu aimes ?
Kilima : J'aime le sport.
Femme : Et la musique ?
Kilima : Non, je n'aime pas la musique.
Femme : Tu aimes les sciences ?
Kilima : Oui, j'aime les sciences.
Femme : Tu aimes l'histoire ?
Kilima : Oui, j'aime l'histoire.
Femme : Et tu aimes l'art plastique ?
Kilima : Non, je n'aime pas l'art plastique.

À la cantine : qu'est-ce que tu manges ?

Piste 29 **Activité 3 :** Écoute et écris le nom des enfants sous les plateaux.

a. **Homme :** Lucie, qu'est-ce que tu manges ?
Lucie : Je mange des carottes et je mange du poulet.
Homme : Et qu'est-ce que tu bois ?
Lucie : Je bois de l'eau.

b. **Homme :** Et toi Jonathan, qu'est-ce que tu manges ?
Jonathan : Je mange des spaghettis.
Homme : Et qu'est-ce que tu bois ?
Jonathan : Je bois du lait.

c. **Homme :** Emma, qu'est-ce que tu manges ?
Emma : Je mange du fromage et des tomates.
Homme : Et qu'est-ce que tu bois ?
Emma : Je bois du jus d'orange.

d. **Homme :** Et toi Wataru, qu'est-ce que tu manges ?
Wataru : Je mange du poisson et de la salade.
Homme : Et qu'est-ce que tu bois ?
Wataru : Je bois de l'eau.

Qu'est-ce qu'il faut faire en classe ?

La maîtresse parle à une personne.

Piste 30 **Activité 1 :** Écoute et montre le bon dessin.

Maîtresse : Kilima, dessine un arbre !
Maîtresse : Emin, colorie en jaune !
Maîtresse : Jonathan, découpe la page !
Maîtresse : Lucie, colle une photo !

Piste 31 **Activité 2 :** Écoute deux fois, lis et entoure le bon mot.

1. Dessine ! 1. Dessine !
2. Colorie ! 2. Colorie !
3. Découpe ! 3. Découpe !
4. Colle ! 4. Colle !

La maîtresse parle à toute la classe.

Piste 32 **Activité 4 a :** Écoute et montre le bon dessin.

Maîtresse : 1. Les enfants, dessinez un fruit !
Maîtresse : 2. Les enfants, coloriez le fruit !
Maîtresse : 3. Les enfants, découpez le fruit !
Maîtresse : 4. Les enfants, collez le fruit !

On va à la piscine ?

Piste 33 **Activité 1 :** Lucie va à la piscine avec sa classe. Écoute et montre les affaires de piscine.

Maîtresse : Aujourd'hui les enfants, à la piscine, on va nager 10 minutes. Vous avez vos affaires ?
Lucie : Moi, j'ai mon bonnet de bain !
Garçon : Moi, j'ai mes lunettes !
Fille : Et moi, j'ai ma serviette !

Prépare-toi au Delf Prim !
S'entraîner pour la compréhension orale

Piste 34 Regarde les dessins. Écoute les dialogues et coche la bonne case.

Dialogue 1
Femme : Kilima, qu'est-ce tu manges ?
Kilima : Une pomme !
Femme : Une poire ?
Kilima : Non ! Une pomme ! Et aussi des fraises.
Qu'est-ce que Kilima mange ? Écoute encore !
Femme : Kilima, qu'est-ce tu manges ?
Kilima : Une pomme !
Femme : Une poire ?
Kilima : Non ! Une pomme ! Et aussi des fraises.
Qu'est-ce que Kilima mange ?

Dialogue 2
Femme : Rafael, tu aimes les mathématiques ?
Rafael : Oui, j'aime les mathématiques.
Femme : Et la géographie ?
Rafael : Ah non, je n'aime pas la géographie.
Qu'est-ce que Rafael aime ? Écoute encore !
Femme : Rafael, tu aimes les mathématiques ?
Rafael : Oui, j'aime les mathématiques.
Femme : Et la géographie ?
Rafael : Ah non, je n'aime pas la géographie.
Qu'est-ce que Rafael aime ?

Dialogue 3
Femme : Emma, tu dors ?
Emma : Mais non, je lis !
Femme : Tu écris ?
Emma : Mais non, je lis !
Que fait Emma ? Écoute encore !
Femme : Emma, tu dors ?
Emma : Mais non, je lis !
Femme : Tu écris ?
Emma : Mais non, je lis !
Que fait Emma ?

S'entraîner pour la compréhension écrite

Exercice 1 : C'est la rentrée ! Aide Wataru à remplir son sac avec les affaires à apporter à l'école. Entoure les quatre objets de la liste que Wataru doit apporter à l'école.

Exercice 2 : Écris le numéro de l'instruction sous le dessin qui correspond.

S'entraîner pour la production écrite

Complète la lettre de Jonathan. Remplace les dessins par des mots.

UNITÉ 3 — Mes activités, mes loisirs

Activité 2 : Qui fait quoi ? Écoute et dis le numéro du dessin.
Femme : Emma, qu'est-ce que tu fais ?
Emma : Je fais de la natation.
Femme : Lucie, qu'est-ce que tu fais ?
Lucie : Je fais de la peinture.
Femme : Kilima, qu'est-ce que tu fais ?
Kilima : Je chante.
Femme : Alexandra, qu'est-ce que tu fais ?
Alexandra : Je fais de la danse.

Activité 3 : Écoute encore et relie chaque enfant à son activité.
Femme : Emma, qu'est-ce que tu fais ?
Emma : Je fais de la natation.
Femme : Lucie, qu'est-ce que tu fais ?
Lucie : Je fais de la peinture.
Femme : Kilima, qu'est-ce que tu fais ?
Kilima : Je chante.
Femme : Alexandra, qu'est-ce que tu fais ?
Alexandra : Je fais de la danse.

Activité 5 : Qui fait quoi ? Écoute et dis le numéro du dessin.
Homme : Wataru, qu'est-ce que tu fais ?
Wataru : Je fais du karaté.
Homme : Rafael, qu'est-ce que tu fais ?
Rafael : Je fais du football.
Homme : Jonathan, qu'est-ce que tu fais ?
Jonathan : Je fais du roller.
Homme : Emin, qu'est-ce que tu fais ?
Emin : Je fais de la guitare.

Activité 6 : Écoute et relie chaque enfant à l'activité qu'il n'aime pas.
Rafael : Moi, c'est Rafael. Je n'aime pas le karaté.
Emin : Moi, c'est Emin, je n'aime pas le roller.
Jonathan : Moi, c'est Jonathan, je n'aime pas le football.
Wataru : Moi, c'est Wataru, je n'aime pas la guitare.

Activité 7 : Écoute et relie chaque enfant à son objet.
Femme : Kilima, qu'est-ce que tu fais ?
Kilima : Je chante.
Femme : Jonathan, qu'est-ce que tu fais ?
Jonathan : Je fais du roller.
Femme : Alexandra, qu'est-ce que tu fais ?
Alexandra : Je fais de la danse.
Femme : Rafael, qu'est-ce que tu fais ?
Rafael : Je fais du football.
Femme : Emma, qu'est-ce que tu fais ?
Emma : Je fais de la natation.
Femme : Emin, qu'est-ce que tu fais ?
Emin : Je fais de la guitare.
Femme : Lucie, qu'est-ce que tu fais ?
Lucie : Je fais de la peinture.
Femme : Wataru, qu'est-ce que tu fais ?
Wataru : Je fais du karaté.

Tu aimes le dessin ?

Activité 1 : Regarde les dessins. Écoute et entoure ce que fait Lucie.
Lucie dessine, elle lit et elle chante.

Activité 4 : Où sont les instruments de musique ? Écoute et entoure les instruments.
C'est un piano.
C'est un violon.
C'est une trompette.
C'est une guitare.
C'est une flûte.

TRANSCRIPTIONS

Qu'est-ce que tu fais le week-end ?

Piste 42 — Activité 1 : Regarde les dessins. Écoute et coche le bon dessin.

a. **Femme :** Lucie, tu fais de la guitare ?
Lucie : Non, je joue avec ma petite sœur !
Femme : Ah, tu joues avec ta petite sœur !

b. **Femme :** Emma, tu fais du basket ?
Emma : Non, je fais du vélo !
Femme : Ah, tu fais du vélo !

c. **Femme :** Alexandra, tu fais de la natation ?
Alexandra : Non, je regarde la télé !
Femme : Ah, tu regardes la télé !

d. **Femme :** Kilima, tu joues du piano ?
Kilima : Non, je dors !
Femme : Ah, tu dors !

Piste 43 — Activité 3 : Écoute et relie.

a. **Homme :** Qu'est-ce qu'il fait Rafael ? Du judo ?
Femme : Non, il fait du roller !
Homme : Ah, il fait du roller !

b. **Homme :** Qu'est-ce qu'il fait Wataru ? Du karaté ?
Femme : Non, il regarde un film !
Homme : Ah, il regarde un film !

c. **Homme :** Et Emin, il joue de la batterie ?
Femme : Non, il joue à un jeu vidéo !
Homme : Ah, il joue à un jeu vidéo !

d. **Homme :** Et Jonathan, il fait de la gymnastique ?
Femme : Non, il écoute de la musique !
Homme : Ah, il écoute de la musique !

Prépare-toi au DELF Prim !
S'entraîner pour la compréhension orale

 Regarde les dessins. Écoute les dialogues et coche la bonne case.

Dialogue 1
Femme : Kilima, tu joues du piano ?
Kilima : Non, je joue de la trompette !
Femme : De la trompette ?
Kilima : Oui, de la trompette !
Qu'est-ce que Kilima fait ? Écoute encore !
Femme : Kilima, tu joues du piano ?
Kilima : Non, je joue de la trompette !
Femme : De la trompette ?
Kilima : Oui, de la trompette !
Qu'est-ce que Kilima fait ?

Dialogue 2
Femme : Alexandra, tu dors !
Alexandra : Non, je ne dors pas !
Femme : Qu'est-ce que tu fais ?
Alexandra : Je regarde la télé !
Femme : Ah, tu regardes la télé !
Qu'est-ce qu'Alexandra fait ? Écoute encore !
Femme : Alexandra, tu dors !
Alexandra : Non, je ne dors pas !
Femme : Qu'est-ce que tu fais ?
Alexandra : Je regarde la télé !
Femme : Ah, tu regardes la télé !
Qu'est-ce qu'Alexandra fait ?

Dialogue 3
Femme : Wataru, qu'est-ce que tu fais ? Tu écris ?
Wataru : Non, je dessine !
Femme : Ah, tu dessines ! Qu'est-ce que tu dessines ?
Wataru : Je dessine un ballon.
Qu'est-ce que Wataru fait ? Écoute encore !
Femme : Wataru, qu'est-ce que tu fais ? Tu écris ?
Wataru : Non, je dessine !
Femme : Ah, tu dessines ! Qu'est-ce que tu dessines ?
Wataru : Je dessine un ballon.
Qu'est-ce que Wataru fait ?

S'entraîner pour la compréhension écrite

 Lis l'affiche du club et entoure les quatre activités que tu peux faire dans ce club.

S'entraîner pour la production écrite

Piste 44 — Exercice 1 : Regarde les dessins. La fille s'inscrit au club de sport. Aide la fille à compléter sa fiche d'inscription.

Piste 44 — Exercice 2 : Complète l'e-mail de Lucie. Remplace les dessins par des mots.

S'entraîner pour la production orale

Piste 44 — Exercice 1 : Réponds aux questions.

Piste 44 — Exercice 2 : Choisis trois photos. Pourquoi tu as choisi ces photos ?

Piste 44 — Exercice 3 : Regarde le dessin et parle de ce dessin.

UNITÉ 4 — Les gens que j'aime

Piste 45 — Activité 1 a : Regarde la photo 1 et écoute.

Rafael : C'est ta sœur ?
Lucie : Oui, c'est ma sœur !
Rafael : Comment elle s'appelle ?
Lucie : Elle s'appelle Alice.
Rafael : Elle est petite ?
Lucie : Oui, c'est ma petite sœur !
Rafael : Tu as un frère ?
Lucie : Non, je n'ai pas de frère.

Piste 46 — Activité 1 b : Regarde la photo 2 et écoute.

Rafael : Ah, là, c'est toi et Alice !
Lucie : Oui.
Rafael : Et là, c'est qui ?
Lucie : C'est mon papa !
Rafael : Ah, c'est ton papa ! Et là, c'est ta maman ?
Lucie : Oui, c'est ma maman. Mon père s'appelle David et ma mère s'appelle Noémie.

Piste 47 — Activité 1 c : Regarde la photo 3 et écoute.

Rafael : C'est qui avec Alice et toi ?
Lucie : C'est ma grand-mère et mon grand-père.

Piste 48 — Activité 1 d : Regarde la photo 4 et écoute.

Rafael : C'est ton papa ?
Lucie : Non, c'est mon oncle Paul.
Rafael : Et là, qui est-ce ?
Lucie : C'est ma tante Marianne.
Rafael : Et les enfants ?

Lucie : C'est mon cousin Maxime, mon cousin Mathieu, mon cousin Jules et là, c'est ma cousine Lisa.
Rafael : C'est une grande famille !

Activité 1 e : Écoute encore une fois, montre les personnes sur les photos et complète.

a. **Rafael :** C'est ta sœur ?
Lucie : Oui, c'est ma sœur !
Rafael : Comment elle s'appelle ?
Lucie : Elle s'appelle Alice.
Rafael : Elle est petite ?
Lucie : Oui, c'est ma petite sœur !
Rafael : Tu as un frère ?
Lucie : Non, je n'ai pas de frère.

b. **Rafael :** Ah, là, c'est toi et Alice !
Lucie : Oui.
Rafael : Et là, c'est qui ?
Lucie : C'est mon papa !
Rafael : Ah, c'est ton papa ! Et là, c'est ta maman ?
Lucie : Oui, c'est ma maman. Mon père s'appelle David et ma mère s'appelle Noémie.

c. **Rafael :** C'est qui avec Alice et toi ?
Lucie : C'est ma grand-mère et mon grand-père.

d. **Rafael :** C'est ton papa ?
Lucie : Non, c'est mon oncle Paul.
Rafael : Et là, qui est-ce ?
Lucie : C'est ma tante Marianne.
Rafael : Et les enfants ?
Lucie : C'est mon cousin Maxime, mon cousin Mathieu, mon cousin Jules et là, c'est ma cousine Lisa.
Rafael : C'est une grande famille !

Activité 3 : Écoute Rafael et dessine sa famille.
Rafael : C'est ma famille ! Là, c'est mon père et ma mère. Et voilà ma petite sœur et mon grand frère. Je suis à côté de ma grand-mère. Elle est petite.

Ton père a des lunettes ?

Activité 2 a : Écoute, trouve les personnes et relie.

a. **Akiko :** Je m'appelle Akiko. J'ai les cheveux noirs et longs. J'ai les yeux marron. Je porte des lunettes. Je suis la sœur de Wataru.

b. **Dieter :** J'ai les cheveux bruns. J'ai les yeux bleus. J'ai une moustache. J'ai une barbe. Je suis Dieter, le papa d'Emma.

c. **Mariana :** Je m'appelle Mariana. J'ai les cheveux longs et noirs. J'ai des lunettes. Je suis la maman de Kilima.

d. **Steven :** Je m'appelle Steven. Je suis le frère de Jonathan. J'ai des taches de rousseur et j'ai les cheveux blonds et courts.

Dans ma valise

Activité 1 a : Écoute les enfants parler de leur vêtement préféré.

Femme : Qu'est-ce que tu aimes ? Quel est ton vêtement préféré ?
Emma : Moi, mon vêtement préféré, c'est ma jupe rouge.
Alexandra : Moi, mon vêtement préféré, c'est ma robe bleue.
Kilima : Moi, mon vêtement préféré, c'est mon manteau rose. J'aime aussi mes chaussures noires.
Rafael : Moi, mon vêtement préféré, c'est mon tee-shirt orange.
Jonathan : Moi, mon vêtement préféré, c'est mon pull jaune.
Wataru : Moi, mon vêtement préféré, c'est mon pantalon vert.
Emin : Moi, mon vêtement préféré, c'est ma chemise marron. J'aime aussi mes baskets blanches.

Activité 1 b : Écoute encore et entoure ton vêtement préféré.

Emma : Moi, mon vêtement préféré, c'est ma jupe rouge.
Alexandra : Moi, mon vêtement préféré, c'est ma robe bleue.
Kilima : Moi, mon vêtement préféré, c'est mon manteau rose.
Rafael : Moi, mon vêtement préféré, c'est mon tee-shirt orange.
Jonathan : Moi, mon vêtement préféré, c'est mon pull jaune.
Wataru : Moi, mon vêtement préféré, c'est mon pantalon vert.
Emin : Moi, mon vêtement préféré, c'est ma chemise marron.

Activité 2 a : Regarde le dessin 1. Écoute Lucie et entoure les habits qu'elle met.

Maman de Lucie : Qu'est-ce que tu mets Lucie aujourd'hui ?
Lucie : Je mets ma robe rouge, mon manteau jaune et mes chaussures noires.

Activité 2 b : Regarde le dessin 2. Écoute son cousin Mathieu et entoure les habits qu'il met.

Maman de Lucie : Et toi, Mathieu, qu'est-ce que tu mets aujourd'hui ?
Mathieu : Je mets mon pantalon bleu, ma chemise verte et des baskets blanches.

Activité 3 : Écoute Lucie et colorie les vêtements.

Lucie : Colorie la robe en rouge.
Colorie le pantalon en vert.
Colorie les chaussures en rose.
Colorie la jupe en jaune.
Colorie le tee-shirt en marron.
Colorie la chemise en noir.
Colorie le manteau en bleu.
Colorie le pull en vert et rouge.

Révise !

Activité 2 a : Écoute et relie les valises aux enfants.

Femme : Kilima, qu'est-ce qu'il y a dans ta valise ?
Kilima : Dans ma valise, il y a une jupe et un pull.
Femme : Et toi, Lucie, qu'est-ce que tu as dans ta valise ?
Lucie : J'ai une robe.
Femme : Qu'est-ce qu'il y a dans ta valise, Emma ?
Emma : Il y a un pantalon, une chemise et un manteau.
Femme : Alexandra, qu'est-ce que tu as dans ta valise ?
Alexandra : Un pantalon et un tee-shirt.

Activité 2 b : Écoute et colorie les vêtements.

Homme : Alexandra, ils sont de quelle couleur tes vêtements ?
Alexandra : Mon tee-shirt est blanc avec une fleur rouge. Mon pantalon est noir.
Homme : Et toi, Lucie ?
Lucie : Ma robe est rose avec des pois bleus.
Homme : Kilima ?
Kilima : Ma jupe est verte et mon pull est bleu.
Homme : Et toi, Emma ?
Emma : J'ai un manteau marron. Ma chemise est jaune et mon pantalon est gris.

TRANSCRIPTIONS

Prépare-toi au DELF Prim !
S'entraîner pour la compréhension orale

 Écoute Alexandra et entoure les personnes de sa famille.

Mon frère
Alexandra : Mon frère a un tee-shirt rouge et un pantalon noir. Il a des lunettes. Il a les cheveux noirs.

Ma mère
Alexandra : Ma mère a une robe jaune. Elle a des chaussures vertes. Elle a les cheveux courts et roux. Elle a les yeux verts.

Mon père
Alexandra : Mon père a les cheveux noirs et courts. Il a un manteau vert et un pantalon marron. Il n'a pas de lunettes.

Ma tante
Alexandra : Ma tante a un tee-shirt bleu et une jupe blanche. Elle a des chaussures bleues. Elle a les cheveux longs et blonds.

S'entraîner pour la production orale

 Exercice 1 : Réponds aux questions.

 Exercice 2 : Regarde et décris les dessins.

 Exercice 3 : Regarde les deux dessins et trouve les sept différences.

S'entraîner pour la production écrite

 Complète ta fiche. Dessine-toi !

 **Chez moi**

Elle est comment ta maison ?

 Activité 2 a : Écoute maintenant.
Kilima regarde la télévision dans le salon.
Kilima mange dans la cuisine.
Kilima se lave les dents dans la salle de bains.
Kilima joue au ballon dans le jardin.
Kilima dort dans la chambre.

 Activité 2 b : Écoute encore et complète les mots.
Kilima regarde la télévision dans le salon.
Kilima mange dans la cuisine.
Kilima se lave les dents dans la salle de bains.
Kilima joue au ballon dans le jardin.
Kilima dort dans la chambre.

 Activité 3 : Écoute Lucie.
Lucie : C'est ma maison !
Alice, ma petite sœur, regarde la télévision dans le salon.
Ma grand-mère est dans la cuisine. Elle prépare à manger.
Ma mère est dans la salle de bains. Elle se lave les dents.
Et moi, Lucie, je suis dans le jardin. Je cherche le chat. Il est dans l'arbre ? Non, il n'est pas là. Où est le chat ?

 Activité 5 : Écoute et dessine chaque objet ou animal dans la bonne pièce.
L'ordinateur est dans la chambre.
Le chien est dans le salon.
Le gâteau au chocolat est dans la cuisine.
Le poisson est dans la salle de bains.

Et voilà ma chambre !

 Activité 3 b : Écoute et coche la bonne chambre.
Garçon : C'est ma chambre ! Mon armoire est bleue. Il y a un bureau à côté de mon lit. Il y a un livre de mathématiques sur mon bureau. Je fais du violon et du basket. J'ai un chat. Il dort sur le lit.

 Activité 4 : Écoute et colorie.
Rafael : C'est ma chambre ! Elle est grande ! Mon lit est vert. Ma bibliothèque est verte aussi. Mon bureau est bleu. Mon armoire est rouge. Et mon petit chien ? Il est noir et blanc !

Tu as un animal ?

 Activité 2 : Écoute et écris le numéro qui correspond à l'animal sur le dessin.
1. (un aboiement)
2. (un miaulement)
3. (le chant d'un oiseau)

 Activité 3 : Comment s'appellent les animaux ? Écoute Lucie et écris les noms des animaux sur le dessin.
Lucie : Mon poisson est rouge et il s'appelle Hector.
Mon chien est grand et marron et il s'appelle Caramel.
Mon chat est un bébé. Il est noir, gris et blanc et il s'appelle Minou.
Mon hamster est tout petit. Il est marron et blanc et il s'appelle Bambou.
Ma tortue est verte. Elle s'appelle Titi.
Mon oiseau chante. Il est jaune et il s'appelle Cui-Cui.
Mon lapin est blanc et il s'appelle Fripouille.
Ma souris est grise et elle s'appelle Mimigris.

 Activité 6 : Emma, Emin, Wataru et Kilima ont un animal. Écoute et écris le prénom des enfants sous les animaux.
Emma : Moi, c'est Emma. Mon animal est très gentil ; il est marron.
Emin : Moi, c'est Emin. Mon animal est jaune et il vit dans l'eau.
Wataru : Moi, c'est Wataru. Mon animal est très mignon ; il est blanc et il a de grandes oreilles.
Kilima : Moi, c'est Kilima. Mon animal est de toutes les couleurs et il parle beaucoup.

Prépare-toi au DELF Prim !
S'entraîner pour la compréhension orale

 Exercice 1 : Regarde les dessins. Écoute les dialogues et coche la bonne case.

Dialogue 1
Femme : Emin, tu as un animal ?
Emin : Oui, j'ai un petit chien.
Femme : Un chien ?
Emin : Oui, c'est ça !
Quel est l'animal d'Emin ? Écoute encore !
Femme : Emin, tu as un animal ?
Emin : Oui, j'ai un petit chien.
Femme : Un chien ?
Emin : Oui, c'est ça !
Quel est l'animal d'Emin ?

Dialogue 2
Femme : Alexandra, tu es dans la cuisine ?
Alexandra : Non, je suis dans la salle de bains !

Femme : Dans la salle de bains ?
Alexandra : Oui, c'est ça !
Où est Alexandra ? Écoute encore !
Femme : Alexandra, tu es dans la cuisine ?
Alexandra : Non, je suis dans la salle de bains !
Femme : Dans la salle de bains ?
Alexandra : Oui, c'est ça !
Où est Alexandra ?

Dialogue 3
Femme : Emma, tu es à la montagne ?
Emma : Non, je suis à la campagne.
Femme : Ah, tu es à la campagne !
Emma : Oui, c'est ça !
Où est Emma ? Écoute encore !
Femme : Emma, tu es à la montagne ?
Emma : Non, je suis à la campagne.
Femme : Ah, tu es à la campagne !
Emma : Oui, c'est ça !
Où est Emma ?

Exercice 2 : Regarde les dessins. Écoute les messages et écris le numéro du message sous le dessin correspondant.

Message numéro 1 : Jonathan est dans le salon. Il regarde la télévision.
Message numéro 2 : Jonathan est dans la salle de bains. Il se lave les dents.
Message numéro 3 : Jonathan est dans sa chambre. Il lit.
Message numéro 4 : Jonathan est dans la cuisine. Il mange.

Exercice 3 : Regarde les dessins. Écoute les dialogues et entoure les dessins correspondants.

Dialogue 1
Homme : Il est gris ton chat ?
Fille : Non, il n'est pas gris.
Homme : Il est roux ?
Fille : Non, il est noir et blanc.

Dialogue 2
Homme : Il est comment ton lit ?
Garçon : Il est bleu.
Homme : Et ton bureau ? Il est bleu aussi ?
Garçon : Non, il est rouge.

S'entraîner pour la production écrite

Complète le message de Kilima. Remplace les dessins par des mots.

S'entraîner pour la production orale

Exercice 1 : Réponds aux questions.

Exercice 2 : Choisis une photo. Qu'est-ce que c'est ? Pourquoi tu as choisi cette photo ?

Exercice 3 : Regarde le dessin. Qu'est-ce que tu vois. Décris le dessin.

UNITÉ 6 — Mes vacances et mes fêtes

Activité 3 : Écoute les dialogues et écris le numéro du dessin qui correspond.

Dialogue 1
Alice : Viens, l'eau est bonne !
Lucie : Mais non, elle est froide !

Dialogue 2
Alice : Il est beau mon château de sable ! Allez, je vais dans l'eau !
Lucie : Attends, mets de la crème avant !

Dialogue 3
Lucie : Allez, Alice, cours plus vite !
Alice : C'est difficile et je suis fatiguée !

Dialogue 4
Alice : Tu préfères quel maillot de bain : le rouge ou le rose ?
Lucie : Le rose ! Il est très joli !

Activité 4 : Écoute les messages et écris le numéro du dessin qui correspond.

Message 1 : Alice va dans l'eau. Lucie ne va pas dans l'eau : elle est froide.
Message 2 : Alice met un maillot de bain rose.
Message 3 : Alice et Lucie mangent.
Message 4 : Alice et Lucie jouent sur la plage.
Message 5 : Alice et Lucie se réveillent à 10 heures.
Message 6 : Alice fait un château de sable.
Message 7 : Alice et Lucie achètent des glaces.
Message 8 : Alice et Lucie vont à la plage.
Message 9 : Alice et Lucie sont dans la salle de bains.

Tu préfères la montagne en été ou en hiver ?

Activité 2 b : Écoute Emma pour vérifier tes réponses.
Emma : J'aime la montagne en hiver. En hiver, il fait froid et il y a de la neige. Avec mes amis, on fait du ski. Je joue dans la neige et je fais des bonhommes de neige. J'aime aussi la montagne en été. Il fait chaud et il y a du soleil. On fait de la marche. Avec mes amis, je cherche des fleurs. Il y a des vaches.

Il y a des girafes au zoo ?

Activité 2 : Écoute et montre les dessins.
Jonathan aime les singes.   Wataru aime les éléphants.
Alexandra aime les girafes.   Emma aime les lions.

Joyeux anniversaire !

Activité 1 : Écoute les filles et relie les dessins aux dates d'anniversaire.

a. **Lucie :** Mon anniversaire, c'est le 27 janvier !
b. **Emma :** Mon anniversaire, c'est le 18 mai !
c. **Kilima :** Mon anniversaire, c'est le 3 octobre !
d. **Alexandra :** Mon anniversaire, c'est le 21 juillet !

Activité 2 : Écoute les dialogues et coche la bonne date de naissance.

a. **Homme :** Rafael, tu es né quand ?
Rafael : Je suis né le 14 février.
Homme : Le 14 janvier ?
Rafael : Non, le 14 février.

b. **Homme :** Aujourd'hui, c'est le 3 octobre. Joyeux anniversaire, Wataru !
Wataru : Mais non, ce n'est pas mon anniversaire aujourd'hui.
Homme : Ah, c'est quand ton anniversaire ?
Wataru : Mon anniversaire, c'est le 3 décembre.

TRANSCRIPTIONS

c. **Homme :** Jonathan, tu es né le 17 mai ?
Jonathan : Non, je suis né le 16 avril.
Homme : Le 16 avril ?
Jonathan : Oui, c'est ça !

d. **Homme :** Emin, tu es né en mars ?
Emin : Non.
Homme : Tu es né en juin ?
Emin : Non ! Je suis né en août. Le 30 août.

Piste 76 **Activité 5 :** Écoute et relie les masques des animaux aux enfants.

Rafael : Lucie, c'est toi ?
Lucie : Oui, c'est moi ! Je suis une girafe !
Rafael : Et la tortue, c'est qui ?
Simon : C'est moi, Simon !
Rafael : Ah, salut Simon !
Simon : Regarde le lion, c'est Lena !
Rafael : Laura ?
Simon : Non, le lion, c'est Lena. Laura, c'est le petit chat !
Rafael : Salut Laura !
Laura : Salut, je suis un chat !
Rafael : Et Max, il est où ?
Laura : Regarde, Max est un éléphant !

Piste 77 **Activité 6 :** Écoute et écris le nom des cadeaux de Rafael.

Fille : Rafael, c'est quoi ton cadeau ?
Rafael : Un vélo, regarde !
Fille : Il est beau !
Rafael : Oui, et il est bleu. J'adore le bleu !
Fille : Et ça, c'est quoi ?
Rafael : C'est un ballon !
Fille : Oh, un ballon !
Rafael : Oui, un ballon vert et rouge.

Joyeux Noël !

Piste 78 **Activité 2 :** Rafael raconte Noël au Chili. Écoute et mets les dessins dans l'ordre : écris 1, 2, 3, 4 ou 5 dans les dessins.

Rafael : Au Chili, Noël, c'est en été ! Il fait chaud. On prépare un sapin de Noël. On écrit des cartes pour dire « Joyeux Noël ». On mange avec toute la famille un gâteau traditionnel, le pan de pascua. À minuit, on ouvre les cadeaux.

Prépare-toi au DELF Prim !
S'entraîner pour la compréhension orale

Piste 79 **Exercice 1 :** Regarde les dessins. Écoute les dialogues et coche la bonne case.

Dialogue 1
Femme : Jonathan, tu aimes quels animaux ?
Jonathan : J'aime les lions.
Femme : Les lions ?
Jonathan : Oui, c'est ça !
Quels animaux aime Jonathan ? Écoute encore !
Femme : Jonathan, tu aimes quels animaux ?
Jonathan : J'aime les lions.
Femme : Les lions ?
Jonathan : Oui, c'est ça !
Quels animaux aime Jonathan ?

Dialogue 2
Femme : Kilima, quel est ton animal préféré ?
Kilima : C'est le dauphin.
Femme : Le dauphin ?
Kilima : Oui, il vit dans la mer.
Quel est l'animal préféré de Kilima ? Écoute encore !
Femme : Kilima, quel est ton animal préféré ?
Kilima : C'est le dauphin.
Femme : Le dauphin ?
Kilima : Oui, il vit dans la mer.
Quel est l'animal préféré de Kilima ?

Dialogue 3
Femme : Rafael, qu'est-ce que tu regardes ?
Rafael : Un film sur les singes.
Femme : Sur les singes ?
Rafael : Oui, ils sont très rigolos !
Quel film regarde Rafael ? Écoute encore !
Femme : Rafael, qu'est-ce que tu regardes ?
Rafael : Un film sur les singes.
Femme : Sur les singes ?
Rafael : Oui, ils sont très rigolos !
Quel film regarde Rafael ?

Dialogue 4
Femme : Wataru, qu'est-ce que tu dessines ?
Wataru : Je dessine une girafe.
Femme : Une girafe ?
Wataru : Oui, elle est très grande !
Qu'est-ce que Wataru dessine ? Écoute encore !
Femme : Wataru, qu'est-ce que tu dessines ?
Wataru : Je dessine une girafe.
Femme : Une girafe ?
Wataru : Oui, elle est très grande !
Qu'est-ce que Wataru dessine ?

Piste 79 **Exercice 2 :** Regarde les photos. Écoute les messages et écris le numéro du message sous l'animal.

Message 1 : Il est blanc et petit.
Message 2 : Il est vert et il n'est pas gentil.
Message 3 : Il est noir et blanc.
Message 4 : Il est marron et rigolo.

S'entraîner pour la compréhension écrite

Piste 79 **Exercice 1 :** Nora a écrit sa liste de cadeaux au père Noël. Aide le père Noël à trouver les cadeaux. Entoure les quatre cadeaux de la liste.

Piste 79 **Exercice 2 :** Lis l'invitation et réponds aux questions.

S'entraîner pour la production écrite

Piste 79 **Exercice 1 :** Complète la carte postale de Salomé. Remplace les dessins par des mots, comme dans l'exemple.

Piste 79 **Exercice 2 :** Tu pars en vacances. Écris un message pour inviter ton ami. Tu dis quelles affaires il doit prendre (cinq affaires). Tu peux t'aider des dessins.

S'entraîner pour la production orale

Piste 79 Choisis deux photos. Pourquoi tu as choisi ces photos ?

Achevé d'imprimer en juin 2025 en Espagne par GRAFO - Dépôt légal: janvier 2013 - Édition 16 - 15/5965/7